超级自媒体营销段子写手01

用你的故事感动你

柒先生 著

人民东方出版传媒
東方出版社

目录

Contents

前言 每一个人生来就是一个品牌 001

什么产品可以打动消费者 001

01 你家隔壁永远住着一个老王

老王是谁？

谁在影响购买 003

据老王说这事挺……

007 受众的评价对购买的影响

产品名称的影响力 010

你喜欢王雨涵还是周梅？

中国人到底想要一点什么？

014 消费者要什么

初次购买 018

通常相亲第一句说什么？

021 购买的核心元素

你喜欢对方哪一点？

用什么打动消费者 024

直白点：营销人就是算命的

企业家应该认识卖火柴的小女孩

青蛙变王子缺的就是一个吻

027 事件的影响力

打动消费者的最佳要素 031

李雷和韩梅梅最后还是有故事的

重度购买的原因 034

02 一山不容二虎，美猴王只有一个

建立心智资源 037

盛世古董，乱世黄金

039 什么是心智资源

每一个花果山都有一个美猴王

受众对心智资源的理解 042

左手还是右手打开咖啡馆的门

045 品牌出现

定海神针的下一个名字是金箍棒

品牌功能与心智资源的绑定推介 049

可乐和醋到底有什么区别？

053 品牌判断

第一个喝牛奶的人对牛做了什么

品牌印象 056

059 如何建立心智资源

朝三暮四还是朝四暮三？

盗墓还是盗梦，玩的就是智商

如何挖掘心智资源 064

点下一杯咖啡前需要广告刺激吗？

068 如何维护心智资源

最牛的营销人在骗子界

如何提升巩固 072

03 那些年，我在互联网踢足球

市场卡位 075

鸡蛋放在几个篮子里最保险？

定位还活着吗？ 077

就当上一个梦想已经死了

080 再定位是王道吗？

卡位 084

没有硝烟的卡位战

铆头舞得好，没有墙脚挖不倒

089 铲球

调整带球 093

三天打鱼两天补网

每一个成功男人背后都有一个败家的娘们

096 助攻

打门 101

不见兔子不撒鹰，不撞南墙不回头

田忌还有一匹黑马

伤停补时防绝杀 105

04 多少字可以改变世界

用什么方式去夸 111

创意并不是广告的唯一活路
传统广告死了吗？ 113

喜新厌旧是每个人的心理对白
117 新媒体广告的特点

广告插播电视剧带来的小清新
受众愿意看什么广告 121

社交媒体透着一股“炫耀劲”
124 社交媒体广告还会火多久

140字掘金，试试你的心跳指数
你进入微博时代了吗？ 128

蝴蝶和多米诺都有效应
133 一件事的影响力

世界上最××的××
一个活动的影响力 137

对不起，我不爱你了
141 一句话的影响力

让擅长的人做他喜欢做的事
整合时代的影响力 145

试试多包装一些品牌而不是产品 149

05 产品很饱满，品牌很骨感

唐伯虎为什么点秋香
四个技巧构建品牌识别度 151
出名趁早营销赶巧
154 四个技巧维系品牌知名度
别看广告，看疗效
品牌美誉度需要长期构建 157
爱一个人不需要发誓
160 构建品牌忠诚需要应对的五种人
免费送打印机的经济学
免费营销靠放长线钓大鱼 164
21天可以改变什么
167 把消费者变成销售者
情人节的鲜花卖给谁最划算
刺激市场促销与长线培育市场的区别 170
西红柿炒鸡蛋放糖还是放盐？
挖掘产品的附带属性 173

保持对市场的第一反馈，了解竞争对手 177

06 看不见的竞争对手：别人家的孩子

知己知彼
他是谁？ 179
草船为什么可以借箭？
183 成功的条件是什么
没有完美的犯罪，只有完美的嫁祸
他的缺点短处是什么 186
没被孙悟空打死的妖精都被接走了
189 他的后台是谁
强龙压不过地头蛇，虎落平阳被犬欺
他习惯在哪里活跃 193
三国杀还是三国盟？
196 竞争还是联盟
以往的交手经历 199
永远不打没有把握的战争

番外篇　一条狗的心智资源 205

每一个人生来就是一个品牌

前言

每一个人生来就是一个品牌，无论你是否有清晰的定位，都会有属于你自己的一条轨迹和标签。轨迹是用你自己的经历定义自己，而标签是这个时代赋予你的辨识。如同一壶浊酒对影成三人的“诗仙”李白，怒砸古琴一琴成名的陈子昂，铁骑踏平欧洲弯弓射大雕的一代天骄成吉思汗，痛失滑铁卢的拿破仑，败走麦城的关二哥。

当然，即使同一对照物也会产生截然不同的人生。亚当和夏娃在一个苹果中发现了人类的禁果之秘，牛顿用砸在头上的苹果告诉你一个让很多理科生汗颜的万有引力，一个叫做乔布斯的素食主义者只咬了一口苹果就拉着一个叫做约翰·斯库利的家伙，用一个偏执而疯狂的用户体验席卷了全球。

每一个人出生囿于外界环境的因素，也注定了不一样的人生。就像比尔·盖茨的成功启示录里不会告诉你他的母亲是 IBM 董事会的董事，巴菲特的书只会告诉读者他八岁就去参观了纽约交易所，但不会告诉大家，那是他身为国会议员的父亲带他去的，并由高盛董事接待。

我们姑且不讨论这句话是否是伪证（谎言说久了信的人就多了，散播谣言的成本太低了），想必再威猛的诸葛亮也扶不起一个刘阿斗。

有些时候，他们只是善于利用自己的智慧和人脉关系，抓住了一个大多数人不在意的机会而已。王石凭借国企的身份囤积饲料 7 个月囊收 300 万，褚时健用一个县级的卷烟厂缔造了红塔集团而为国家创近千亿税收，张瑞敏接手的只是一个濒临绝境的小破厂，而如今的海尔已跨入全球 500 强。你可以单以为是时势造英雄，大多数人都不知道幕后其实有着一双看不见的手在推动着，因为不是每一个人都可以利用国企的信托从银行拿到“无底洞”般的、甚至是血本无归的贷款。而在今天，很多的国企 CEO 通过合法的途径、打着产权改革的旗号大搞 MBO（ Management Buy-Outs，管理者收购）已成为司空见惯的事。

一个人的影响力一旦形成，就会自然而然地形成一个产业圈，在这个产业圈里人尽其职就会开始良性发展。目前已经形成良性产业圈的就是以明星为主的商业行为，那些你看不见的、不大了解的幕后人员就是整个产业的幕后推手，他们通过帮助明星规划各种代言、时尚 party，以及出席各种影视聚会，以此塑造该明星的持久影响力和曝光率。如果有一天你在某时尚网站的娱乐频道看到那些令人咋舌的八卦新闻，千万不要大惊小怪或者表示惋惜且再也不相信爱情了，你应该庆幸在不远的将来很可能会有一部相关明星为主角的很叫座的商业电影或电视剧即将被搬上荧幕，而那些所谓的红毯走光也不过是明星招揽镜头的一种营销活动而已。

想必你喜欢《蜗居》里的小贝，喜欢《奋斗》里的向南，喜欢《裸婚时代》里的刘易阳，却不喜欢《海洋天堂》里的大福，可是他们不都是文章吗？你看，人是多么奇怪的动物！并不是因为你的样子决定了你的出路和未来，而是你被贴上了什么样的标签才有了什么样的故事。普通的麻绳一元一根，如果被贴上“乾隆下江南御用拉船麻绳”，也就会有全新的意义而变得更受瞩目。就像同样的生理处境，司马迁发愤写《史记》而展现了男人的血气方刚，郑和七下西洋宣国威扩贸易盛世追迹汉唐，李莲英 13 岁入宫，生性圆滑得慈禧恩宠。

你在哪里不重要，重要的是你的心想要到哪里，与谁一起。无论是企业还是产品，多数是看不见未来的，而有了战略战术后才找到了一条通往罗马的大道，而你定义企业或者产品的品牌标签则决定了哪一部分受众愿意追随你。

在今天，我们追捧那些所谓的成功学在遭遇了唐骏的学历“造假门”后才稍微冷静一些，很多事情是没法复制的，时机这个东西一旦过去了就会过去，就像王兴放弃了校内网、饭否网后狙击团购市场，马云重心发力淘宝缔造 SNS(Social Network Site，“社交网站”或“社交网”。)网购圈子，新浪凭借微博咸鱼翻身却也未发现明朗的商业模式，豆瓣低调 7 年泛兴趣笼络文艺青年复苏小清新时代。站在今天这个位置上，不可能再成功一个诸如搜狐、新浪般的门户，人人网和开心网依然占据 SNS 社交的头把交椅，而腾讯已然开始发力微信抢占移动互联网流量。

李嘉诚说，当一个新生事物出现，只有 5% 的人知道时就赶紧做，这时是商机，当有 50% 的人知道时你做个消费者就行了，而超过 50% 时看都不用去看了！如同当年 groupon（coupon 的谐音，意为优惠券，以网友团购为经营卖点，是比较流行的新模式之一。）一夜崛起让国内的团购市场一夜疯狂，而 2012 年随着各种诚信、质量问题的闪现，团购模式终于迎来一次血腥的洗牌。“618”京东的生日，各大电商携巨资贺寿却不怀好意，暗战不断。也许就像有一天，你只能知道曾经有一个购物网站叫做卓越。

无论今天变成一个怎样的世界，我们都应该感谢那个给予我们名字的人，也许在未来的十年年度经济人物、福布斯排行榜上依然不会有我们的名字，但是就因为这个与众不同的名字，便成就了我们与他人不同的标签。我们依然改变不了世界，但却可以改变自己，至少这个世界又多了一个好人。

我们依然会行走在城市的每一条街道，不折不扣地为了我们的梦想努力着。也许下一站路口面朝大海春暖花开，也许下一站路口白首相托永生不负，也许，在这一刻，我们的想法变了，然后接下来的路都开始变了。

我曾经以为自己会是一个青春小说作家或不入流的导演编剧，但是从电子商务专业毕业后的几年间发生了巨大的变化，你所熟悉的同学都纷纷离开了电子商务专业，然后从事着各种稀奇古怪的职业，那些年我们疯狂追捧的马云、李彦宏等似的梦想从此再也不见了。而后我从事了让人抓狂的营销行业，“甲方虐我千百遍，我依然待甲方如初恋”，当然那些年轻的梦想随着生活的繁杂已开始变得不堪一击，我不得不像是每一个企业品牌、产品品牌那样对自己做重新的定位，然后决定做 99 件自己不喜欢的事情，只为了将来能做一件自己喜欢的事情。

这是大多数时的状态，大多人的想法。如果按照这个惯性来做广告显然是对不起甲方对不起广告主的，这就好比一群猴子为争夺猴王这个位置打得头破血流，佛看不下去了，对其中的一只说：“下一辈子的轮回你可以做一个人，你有什么愿望吗？”猴子说：“如果我做了人，我必须扛着枪崩了猴王，然后我要当猴王。”有了人的思维，何苦去管猴子的世界？这就是惯性思维的可怕。于是广告界开始大张旗鼓地喊着：没有创意就去死。一来是警示自己，二来自然是喊给广告主听的——我们一直活着，所以我们肯定会有最牛的创意。

所以我们开始研究每一个张三李四王五背后最想要的是什么，所以我们才去想每一个名字背后到底蕴藏着什么样的玄机，好等待那刹那的揭秘让每一位观众有一种“哇哦”的感觉。父母都会在名字上给予子辈一个寄托，望子成龙望女成凤不仅仅是一个愿望更是一种复杂的情感寄托，就像你每周去星巴克、吃肯德基的汉堡、对下一季的车展牵肠挂肚，听说 iPhone5S 上市、高尔夫公开赛即将开幕便心潮澎湃，你到底想要什么，你清楚吗？

这就是一个高瞻远瞩的品牌带给其受众的一种脱离了 Logo、Slogan 之外的一种情感寄托。就像在茫茫人海中突然听到你的名字在广播里被喊起，被某一个阔别多年的好友喊起，那一种感情无法形容，会如同烙印、刺青般深深地影响你一辈子，因为这个标识对你来说独一无二，属于你。

每一个人生来就是一个品牌，无论你是否承认或者接受。

01

你家隔壁永远住着一个老王

•什么产品可以打动消费者•

当站在琳琅满目的超市货架前，你最终的选择依靠的是什么？当遭受各种节日性质的产品促销袭击后，你确定买回来的各种神器是你最需要的吗？当别人吃着火锅唱着歌，你确定你也会团一张火锅店KTV的优惠券吗？究竟是什么在影响我们的购买行为，你到底想要什么？

时隔多年，大雪天捧起一杯优乐美的时候。

才终于懂得优乐美的故事是送给所有男生的一场幻觉。

老王是谁？

老王是一个高尚的人，一个纯粹的人，一个脱离了低级趣味的人，一个有益于人民的人。似乎这样的老王才是主流的风范，而实际上，老王的标配基本上告别了主流的趣味，他会婆婆妈妈、斤斤计较，当然偶尔也会大手笔地挥斥方遒——一瓶拉菲配两盘花生米。

就是这样的老王，他年轻的时候意气风发儿女情长，有着鲜明的发际线和光鲜的梦想，是我们青春的最佳写照；中年的时候在圣安德鲁斯老球场 17 杆修理了准备拍马屁的新入职的经理人，至少现在是我们还没有照进现实的梦想写照；老年的时候他跟老张头争一个小卒子耍赖侥幸赢了最后一盘象棋，然后牵着老伴的手跟菜市场 30 出头的大小伙子因为两根葱争得面红脖子粗。

有些时候，你以为老王离开了，其实他一直都在，就住在你的隔壁。偶尔的不正经并不影响老王是一个热心肠的人，至少大多数时候你不讨厌老王，你甚至喜欢每周三下午和老王在离家 200 米的茶馆侃侃国家神十飞天的大事，当然也不排除一些小道儿消息譬如谢霆锋、张柏芝的复婚。

周末你一定准时准点出现在健身房，周杰伦的最新演唱会让你甚至小有激动，至少很多年以前他是你的偶像，尽管现在偶像变成了柳传志更或者乔布斯。你知道的第一款车沃尔沃，英文名为Volvo，目前世界上最安全的汽车；你知道的第一款手表是劳力士，英文名字Lolex，是你下一站的奢侈；你知道的第一个房产大亨是万科，你的朋友大多数在万科的新一期楼盘里认筹，但是这不妨碍你的梦想是Loft，因为据老王说这事挺……然后你的大多数观点都在潜移默化的改变中，自从你结交上老王之后，不管你承不承认，老王都在影响着你。

他会告诉你小米最新青春版销售的活动正在微博如火如荼地进行着，他会告诉你淘宝上Levi’s的裤子凭借百事的瓶盖可以五折，他会告诉你老罗交恶西门子以后冰箱最好选择海尔，你一直喜欢《瑞丽家居杂志》、《中国企业家》，但是也不排斥老王给你推荐的《男人装》。这就是男人世界里的老王。

在女人世界里，老王的角色扮演得更加深入而且投入，你熬夜看完下载的最新韩剧，老王会说给你的脸补补水吧，然后递给你一张美即面膜，甚至会打趣地说“停下来享受美丽”。你说我饿了，基本上在老王的带领下10分钟内就可以坐在一家新开张的特色美食小店里。老王在“美丽说”看到一款超级漂亮的鞋子，第一时间必然发到你的QQ上。当然如果你是一个“微博控”，你就总能看到老王@给你的最新服饰搭配小技巧。你在淘宝败的10件商品里有8样是老王怂恿你下单的，你在这座城市吃的10种美食里有8样是老王推荐的，甚至每一场失恋里都有一个叫做老王的闺蜜陪你疯陪你闹陪你把青春挥霍掉。

老王，这个抽象的代名词渗透在你生活的每一个角落。但是大多数人都觉得自己是理性的，老王基本上是作者意淫出来的一个产物，这个想法存在的前提是你还没有发生一些购买性行为。通常老王还会存在于一些潜意识里，比如你不会去一个空荡荡的饭店就餐，看到促销产品的时候你会自动计算差价，看到某一精美的平面广告后你就觉得你也应该有那样漂亮的物件。这就是可预见的非理性。

大多数人摆脱不了老王的纠缠，他一直住在你的隔壁，总是喜欢时不时地扮演一下救世主的样子，当然换位思考一下，你大多数时候也是属于别人的老王。就像我通常会告诉我的一些企业家朋友你的微博应该怎样维护、网站应该怎样改版、下一季的新品应该有一个全新的命名和Slogan、情人节应该在淘宝做一个活动专题……而他们也乐意和我分享奶粉是分等级的、珠宝的大小分类有上百种、什么渠道可以搞到商务舱的折扣机票……

到这里，老王的面孔基本上越来越清晰了，他其实就是口碑，就是一些你不知道的小道消息，就是你下定决心临门一脚前的助攻，

老王，就是口碑，渗透在你生活的每一个角落，就是一些你不知道的小道消息，就是消费者下决心临门一脚前的助攻。

只是偶尔在一些惯性的小思维里，老王也会小调皮一下让我们蒙受损失，但是不排除我们依然喜欢老王。在清扬赞助的《无懈可击之美女如云》里，“两个嘴巴笑”曾经说：人不犯错，就不可爱了。

受众的评价对购买的影响

据老王说这事挺……

同样一本书，有的人看到了黄金屋，有的人看到了颜如玉。选择的角度和所处的环境决定了不同的心态，而不同的心态就造就了不一样的人生。隔壁的老太太有两个女儿，大女儿嫁给了卖雨伞的，二女儿嫁给了卖草帽的，于是晴天老太太就唉声叹气雨伞不好卖，大女儿的日子肯定不好过了，下雨天就开始担心二女儿的生活。一个叫做老王的邻居说："为什么不试着反着想一想呢？这样你每天都会很开心。"你看，人就是这么奇怪的动物！

你站在不同的环境，就有了不同的人生。所以，有些时候"感时花溅泪，恨别鸟惊心"，换一个角度，也许就看到了不一样的风景。广告同理可证，并不是你传递的每一个广告受众的感受都是一样的，结果往往是有的人心动了，有的人心烦了，有的人心怒了。老王这个角色扮演的目的就是让心烦的人心动。比如脑白金的狂轰滥炸式广告，多少人心烦后却仍抵不住一份孝心的催泪侵袭；五粮液的"我儿子给我买的，要喝让你女儿买去"也用攀比绑架着孝心。

要是没有了老王的存在，GDP 的损失是无可限量的，所以这个时代最需要感谢的是老王，老王的责任就是让所有的消费变得理所当然，老王的存在就是让所有的消费变得有理有据。当然，这一点上，女老王的作用力要远远大于男老王。

我们习惯老王各种为人处世的态度，偶尔也被老王的各种举措所影响，所以站在企业主的位置上，我们坚信每一种商业模式的背后都是有一种生存法则的，而老王就是了解生存法则的那个人。比如老王告诉你公交司机播放“乘客们保管好自己的随身物品”是在提醒你“小偷出没请注意”；比如老王告诉你买药的时候一定要蹲下来，药架最顺手的地方摆放的是医药销售员提成最高的品牌。通常我们听了老王的评价后会有各种服从态度的选择，这种选择就像女人的选择——要么瘦要么死，你没得另外的坚持。当然有些坚持是徒劳的，就像暗恋，坚持的越久越会觉得心痛。这个世界上没有什么是放不下的，弟子曾经问佛为什么放不下，佛让弟子握着一杯热水，弟子没有坚持多久就掉在了地上——痛了自然就放开了。

通常我们受到某特定思维的推荐后，在购买行为中就开始发生微反应，当然这种反应神不知鬼不觉，甚至在付费后都不曾察觉，这就是隐藏在潜意识里的。据老王说这事挺……这车挺……这家餐馆挺……这个姑娘挺……这种烟抽起来挺……这家新开张的服装店挺……这种潜意识到底有多大的威力能够震慑多少人呢？当然这种影响力没法用数字和销售额来衡量，但是它却可以轻而易举地俘获很多人的好感，我们通常意义上讲，这就是六度人脉的影响力，口碑的影响力，熟人好下手的影响力。当然这一点上可能不大适合于恋爱，但也不排除很多这般熟的不能再熟的痴男怨女们最后还是抵不住爱情的召唤力，走在了一起。最适用于化妆品行业，尤其是如果这事是女老王觉得挺……

所以，这一辈子你基本上会跟老王较上劲了，你甩不开他也甭指望甩开他，因为老王不是一个人在战斗。

通常我们受到某特定思维的推荐后，购买行为就开始发生微反应，当然这种反应神不知鬼不觉，甚至在付费后都不曾察觉，这就是隐藏在潜意识里的。

产品名称的影响力

你喜欢王雨涵还是周梅？

我想，我谈恋爱了！

我想这是我目前能感受到的最激动人心、最让人心情愉悦的一句话了，它甚至超越了“我中了500万”所能够带来的震撼。当然，每个人都有不同的价值观。对我来说，听到这句话似乎就可以回到青葱的高中时代所带给我的那种美好想象中，可惜我回不去了！即使我有一个月光宝盒，我想也未必能遇见紫霞仙子了。

逝去的记忆就如同一个梗，想起来心里会有一种莫名的感觉。比如那个时代有李雷韩梅梅懵懂青涩的小爱情，很多年后你都无法忘怀那种情愫，尽管忘记了时间，忘记了地点，但你依然记得那个下午，你们在操场上奔跑，大声喊“我爱你知不知道”。那个白衣飘飘的年代，我想把我唱给你听，可惜多年后，谁盘起了你的长发，谁看了你的日记。

这是你心底的故事，也是我心底的故事，而在每个品牌受众的背后，也都有这样一个故事，或远或近，已经发生正在发生抑或即将发生。这是一种无法拒绝的情感挑逗，要怪就怪我们年少轻狂儿女情长。

王雨涵还是周梅？这并不仅仅是一道情感选择题，更是一道心理测验题，因为每一个经历过学生时代的你，都会发现身边有一个拥有很好听名字的女同学。她或漂亮或学习出类拔萃，当然大多数时候长相的分数一般跟试卷上的答题分数是成反比。在未发生故事以前，给你两张相似的女生照片，基本上比例是对半地觉得好看。当照片下闪现出两个不同的名字的时候，王雨涵的人气想必瞬间秒杀了周梅。此时，你还觉得男人只是好色吗？他们需要的无非是一个更美好的遐想空间。

名字给予了画面最好的遐想和延展空间，所以一切都是幻觉的逼真展现，就是这种不切实际的幻觉自动催眠了我们的潜意识，从而产生了喜好感的对比。你逛超市的时候看到某产品促销，大脑会切换到自动计算模式，看到两个相同的产品不同的厂家，会自动脑补广告画面。这些都是深深地印在脑海里的潜意识，你虽不曾发觉，他们却像一大波僵尸一样来袭，啃噬着你的脑子。

我遇见的第一个女朋友是在高中时代。那个时代的爱情，暧昧是最好的修饰词，认识以前会听到很多很多关于她的消息，当然最开始肯定只是一个名字。这个名字冲入耳朵里的那一刻，7 秒钟后我就做了一个决定。我觉得一段故事在所难免。多年以后她嫁为人妻，我依然记得我们相识的那个冬天，雪花飘得很早，11 月就铺满了街头。之后我很少很少听到有关她的消息。

时隔多年，大雪天捧起一杯优乐美的时候，才终于懂得优乐美的故事是送给所有男生的一场幻觉。当快消品品牌大战进入社会化媒体的时候，我才终于明白，同质化的时代大家都开始卖故事卖回忆了。同样一包方便面，我用微电影卖你的青春时代，同样一杯奶茶，我用微博卖你的小爱情，你的故事是我最佳的销售敲门砖，我只不过学会了用你的故事打动你而已，于是《老男孩》的一场青春让很多80后感同身受哭得稀里哗啦，然而你回头想想，那也只不过是你故事的一部分缩影而已，为什么当年的时候你却没有自己感动自己呢？

那些你喜欢的各种衣食住行，多数，你只不过喜欢一个名字而已。在这个名字上有你可以延伸的寄托，就是这种不同的寄托被企业营销称之为定位。情感定位的最高境界是：卖的不是烟，是寂寞；抽的是烟，伤的是心。所以星巴克的咖啡你觉得比你冲泡的速溶雀巢好喝，但是如果换成爱的人冲泡的，哪怕是一杯清水想必你都能喝出农夫山泉的“有点甜”，这就是感觉。第一感觉大多数来源于老王各种歇斯底里的推荐，第二感觉则来源于深植于大脑皮层的广告冲击，各种纠结最后终究抵不过手贱点开了淘宝，一个打着光棍名义的节日就这样用贱贱的价格渐渐地征服了你。

那些年，我曾经在心底用心地埋藏着一个秘密，爱一个人的秘密。谁人年少不曾暗恋过？但是最后绕过一个圈，彼此都会越走越远。即使这个人走出了你的视线，却走不出你的思念。多年后你爱上了另一个人，却发现离你最近的她原来有着当年的她的轮廓。你手边的乐事薯片还是会陪着韩剧一片片被咽下，最后看着故事里你的故事，你哭得无声。那些年，我们坚持过，暗恋成伤。

再过一些年，如有人问起喜欢王雨涵还是周梅，我还是会说：王雨涵。

名称给予了画面最好的遐想和延展空间，所以一切都是幻觉的逼真展现，就是这种不切实际的幻觉自动催眠了我们的潜意识，从而产生了喜好感的对比。

中国人到底想要一点什么？

这是一个很复杂但却很现实的问题，我们到底想要一点什么？站在中国的角度：医疗、教育、住房，依然是我们想关心却力不从心的标签。但是站在消费者的角度，我们希望拥有更便捷的生活体验，生活体验之上才是文化享受。千万不要觉得啃着冷馒头的你依然能欣赏贝多芬的《C 小调第五交响曲》，每月还着 6000 元的房贷依然会从牙缝里省出一张巴赫的“B 小调弥撒曲音乐会”票。

一座城市，每天有上百万的人同时在街道上流动，他们有各自的奋斗目标。开兰博基尼的跟骑二八单车的一样，穿阿玛尼的跟套黄马褂的一样，青草鲢鳙各层有各层的生存法则，所以，我们活着就是当下最大的幸福。

对于企业的产品来说就不同了，企业品牌活着依靠的是当下产品的销量。如今满足消费者需求的产品兴趣点明显开始下滑，婚姻里有七年之痒，产品的使用周期也会产生这种莫名的“痒”，在这一点上洗发水最明显了。去头屑这个心智资源到底是哪一个品牌的？护发秀发、防止脱发、柔顺营养都是什么牌子的？硬生生的、一个同类的产品打着各种秘方配制，摇身一变各种功能瞬间附体。

当站在琳琅满目的超市货架前，你最终的选择依靠的是什么？当遭受各种节日性质的产品促销袭击后，你确定买回来的各种神器是你最需要的吗？当别人吃着火锅唱着歌，你确定你也会团一张火锅店 KTV 的优惠券吗？究竟是什么在影响我们的购买行为，你到底想要什么？

为什么我喝雪碧没有水从我背后淋下来，为什么我吃德芙没有秀发飘来飘去，为什么我吃泡泡糖从来没有召唤出超人，为什么我喝加多宝的时候人们没有涌来广场，为什么我的七喜掉了也没有“妹纸”和我邂逅，为什么我喝急支糖浆从来都没有豹子来追我？

所以今天，我们平生最大的愿望是：吃一次广告上的方便面，吃一支广告上的冰激凌，喝一杯广告上的咖啡，交一个广告上的女朋友，买一部广告上的智能手机，体验一把广告上的豪车，买一栋广告上的房子，去一次广告上的地方旅行，买一罐广告上的奶粉给儿子，买一个广告上的包包给老婆。我不是你的优乐美，我只是你的消费者。

社会化媒体营销疯狂的时代，消费者开始变得挑剔且神经质，我们该用什么去 hold 住消费者的眼球与鼠标依然是一个很有意思的话题。大多数人实际上是不知道自己需要什么的，就像在苹果手机没有烂大街以前，人们以为手机的作用就是打电话发短信，直到后来人们才知道山寨手机就是低音炮，诺基亚可以砸核桃，iPhone

要用来切水果。是的，我们陷入了一个卖方市场的轮回，也就是卖方市场在创造需求。这都是因为满足需求的产品越来越多，已经无法调动人们那根日益麻木的神经。

我们去做一个品牌的营销，从一开始就慢慢地设下一场场迷局，意欲让消费者其乐融融地深陷其中不能自拔。无论是哪种营销手段，核心的要素必然是集结一部分人的力量去引爆全局。就像一场舞会，焦点才是最抓眼球的地方，所以焦点下必然是美女帅哥勾肩搭背舞一曲华尔兹。到最后，消费者要的又是什么？

感觉！没错。你喜欢一座城池，并不只是因为你生活在其中，也许她在、他也在、大家都在，你们会在这座城池里遇见，还会说，好久不见、原来你也在这里！最初的喜欢到最后的永远，30 元一杯的星巴克、15 元一个的汉堡，从北京到丽江的火车票，你要的只是一种感觉，这就是品牌的凝聚力！他们都在，他们都喜欢！所以你不得不爱屋及乌。

“怪蜀黍”三轮车上的煎饼果子两块五一个，口留香的煎饼果子一个却可以卖四块。闽江二路的咖啡馆一杯焦糖玛奇朵 18 元，最大装星巴克却可以卖到 28~38 元。路边摊的小馄饨一块五一碗、包子一块钱俩，天津狗不理 8 个却可以近百元，可叹是包子中的LV，包子中的战斗机。这就是品牌的感觉。你的胃只不过要一个煎饼果子的感觉，品牌却给了你君临世界的幻想！尽管你在星巴克啃完煎饼果子或者在肯德基吃完两个包子一碗豆浆，你终究还是要挤地铁公交的，但就在幻想刚刚幻灭的那一刻，你的心是暖的，你的斗志刚刚被点燃。

耐克会告诉你：Just Do It。嘴上说的人生需要你脚下的每一步去落实，人们不在乎你提供的产品到底是什么，因为总有另一个产品可以替代，人们在乎的是这一刻，你给了他什么感受。所以回答中国人到底需要什么，答案是感觉。

品牌的营销从一开始就慢慢地设下了一场场迷局，意欲让消费者其乐融融地深陷其中不能自拔。无论是哪种营销手段，核心的要素必然是集结一部分人的力量去引爆全局。

初次购买

通常相亲第一句说什么？

相亲，动词。曾经席卷 80 后“剩”一代最火的词汇，也是让百合网、珍爱网、世纪佳缘网会员们羡慕嫉妒恨的一个词。淘宝网一夜之间就让千万用户成“亲”了，而线下“8 分钟约会”也瞬间风靡全国，成为最快餐式的交友模式。

但是相亲总归是一件神秘而有趣的事情，因为你不知道下一秒你会遇见一个怎样的人。而我，在 25 岁的时间点上遇见了我的前女友小 A，以相亲的名义。这可能是我人生里一次最滑稽的回马枪。那天下午我们躲在咖啡馆里，从惊讶遇见对方到最后开始聊过往，她侧马尾的样子一如我最初遇见。这些年，就这么风平浪静地过去了，有些人不知道哪里好，但是却谁都代替不了。

我的第一句话是：怎么是你？小 A 回了一句：怎么老是你？每一个人的生命里总有一些人会来来回回地走，前女友小 A 就是这样一个挥之不去的印章，盖在青春里也盖在阳光明媚的春天里。爱情这个品牌在我们逝去的时光里从暧昧到冲动再到成熟，划走了我们最最单纯的年纪，好在我们仍然记得那天下午说出 slogan“我爱你”的时候彼此纯真的样子，那个样子让我们固执地以为会是一辈子，但是最终我们输给了时间和城市的距离。

每一个品牌也都会经历这样一个流程，从陌路到相熟再到无趣。李宁为了抢占 90 后市场，炮制了一出“不疯狂不正常”的宣言力挺 90 后的我行我素；耐克狙击 2012 年奥运会，通过社交网络玩了一出“活出伟大”；科鲁兹掘金 80 后市场小试牛刀微电影；“11 度青春”凭借《老男孩》一役突围。所以每一个品牌在遇见消费者前，都想告诉其一句话，一句可以打动消费者内心的话，就如同我们相亲以前想要对对方说的那一句话。

第一印象很重要。一见钟情很有意思。现实就是这样，广告一定要玩得出花样才能让受众记忆深刻，所以 80 后“剩斗士”一直奔波在相亲的路上，奔波在咖啡从 8 元一杯到 28 元一杯的通货膨胀里。而企业产品品牌奔波在定位、再定位、品牌战略、logo 革新、slogan 革新的死循环里，不循环就永远抓不住最年轻的一代，品牌需要陈年的老字号标示，也更需要年轻一代的往死里爱，因为品牌之间的战争最后都会沦为消费者间的战争。王老吉和加多宝大战的那个时期，我的好朋友张小蛋和他的女朋友分手了，也许他忍受不了一个喝着王老吉可能将来也会出尔反尔的女人最后成为他的妻子。分手后的第三天，他约我去喝酒，我问他后悔吗，他说，兄弟如手足，女人如凉茶，她一走茶就凉了。你看，爱情就是这个样子，只有分开了才记得彼此的好，分开了才知道原来右手边的茶一直是热的，而现在凉了。

奶粉牛奶行业遭遇三鹿低迷危机期后，蒙牛试图回到牛奶本质，于是发布了全新的品牌形象，见证消费者的点滴幸福，新版的slogan策略带着救赎般的蜕变能否让消费者体会到他们的用心良苦，这还有待下一包牛奶的质量。大品牌一掷千金的广告冲击下，我们究竟还能对它提起多少信赖感呢？如果李白活在当代，并不一定是诗圣，可能死于塑化剂的概率更高一些。那个口口声声说着做放心药良心药，一路打着明星牌的家伙，或许当年白手起家时是在义乌做皮鞋生意的也说不定。

如今，品牌的承诺越来越形式化了，你还敢相信没有谁在把消费者当作小白鼠吗？那个偷偷说出我爱你后转头就脸红的年代，真的一去不会回来了。

每一个品牌在遇见消费者前，都想告诉其一句话，一句可以打动消费者内心的话。一见钟情很有意思，现实就是这样，广告一定要玩得出花样才能让受众记忆深刻。

购买的核心元素

你喜欢对方哪一点？

如今回首每一段恋情，你甚至不知道当初为什么爱一个人如此发狂，到最后却能冷静收场，曾经拼了命地追，如今后了悔地退。曾经街角的珍珠奶茶是你的最爱，你甚至喜欢 5 元一碗的麻辣烫，到最后你才知道珍珠奶茶里面是没有珍珠的，麻辣烫里倒是有泻立停，那么你曾经疯狂地爱上的到底是哪一点?

我的朋友张小蛋第一次遇见他女朋友的时刻，就是在楼下的咖啡馆一个擦肩的瞬间，估计 7 秒钟后他就做了一个决定，他说我上辈子 500 次的回眸就是为了今天这一刻。我说，你就找一个不玩微信不上陌陌不去星巴克的姑娘结婚吧，这才是你最好的归宿。后来“凉茶事件”令他们分手了。喝酒的那个晚上，我问张小蛋，你爱上她的哪一点? 张小蛋想都没想，说："感觉。"

感觉很诡异，欺骗了大多坠入情海的人。就像在我不知道初吻是什么概念以前，以为女孩的嘴唇是像棉花糖一样，柔软而微甜。我不知道卡布基诺以前，以为咖啡就是卡布基诺，而雀巢只是一个小鸟的窝。很多年以后，在我开始理性地思考事情的时候，才发现逝去的大多数青春里，我被各种感觉欺骗了，而这种感觉是我最初爱上那个事物的一个不成文的标准。

我问一个很好很好的女性朋友，这些年你的择偶标准变了吗？当年她说要找一个这样的老公：①会做饭爱洗碗；②少喝酒不吸烟；③有才华会赚钱；④人帅气不惊艳；⑤懂情调有甜言；⑥特忠诚不善变；⑦有谈吐不吐痰；⑧会持家有远见；⑨爱美女不放电；⑩个不高能顶天。而如今在爱情的城墙外转了一个又一个的轮回，她才知道，想爱的人其实很简单：男的，活的，下雨知道往家跑的。为什么这么多年我们会固执地以为爱的人前面是必须要有很多形容词的？不是社会把我们逼复杂了，而是我们想得太多了。

iPhone 手机 App 多，爽！诺基亚手机抗摔。iPhone 手机界面华丽滑动解锁，酷！诺基亚手机抗摔。iPhone 手机设计优雅用户体验 NO.1，诺基亚手机抗摔。你一激动把 iPhone4 摔地上了，诺基亚说："你看，摔坏了吧！"所以当我们被各种华丽的感觉欺骗的时候，我们就开始忘记我们真正需要的是什么。

对于一个女人来说，你愿意嫁给一个电池原装、后置 500W 前置 30W、玩两个回合就蔫了需要天天充电的男人，还是嫁给一个双卡双待、超长待机、立体声效、后置 800W 前置 300W、八心八箭的男人？当我们明白了我们所站的立场，就开始知道当时的决策是否正确。张小蛋后来跟女友复合的时候才终于明白这一点：爱上是一瞬间的感觉，而爱是一辈子的感觉。

那些年为了“单反穷三代”、“苹果毁一生”的冲动，是因为你彻底爱上了，无法自拔了，如此无法自拔的除了爱，还有牙齿。关于牙齿的各种心智阶梯的抢占，你会明白：那个穿白大褂试图创造假象权威的家伙喊得声再大，牙膏也只不过是一个龙套，牙刷才是主角。高露洁、佳洁士，黑人黑妹、田七三七三笑，真是让人“傻傻分不清楚”。品牌营销，做一点就好，专一没什么坏处，无论是爱情还是品牌，三角定律在这里基本上失效。

品牌营销，做一点就好，专一没什么坏处。无论是爱情还是品牌，三角定律在这里基本上失效。

直白点：营销人就是算命的

据马尔其顿厨房定律，两个相同质量的鸡蛋同时进锅，相同火相同配料下，最先熟的鸡蛋其蛋清质量大于蛋黄，原因是：黄虽逊清三分白，清却输黄一段香。专业、文艺不露痕迹，可以瞬间蒙蔽大多数人，但是这确是胡诌的。这种事营销人很在行，他们不是天桥上摆地摊算命的，但在互联网上他们却善用星座忽悠纯情的小姑娘。

无论你信与不信星座说，星座已然深入到很多人的心中，潜移默化的渗透如果再加点周易、塔罗牌可能效果会更佳。人们为什么会相信呢？这种事情科学无法解释，有如五大人类怪癖：接吻、做梦、迷信、抠鼻屎、青春期，但却成为商家必争的广告元素，因为广告一直在玩心理战，一直在玩算命，赌中了赚得杯满盆溢，赌输了也无伤大雅。脑白金下意识里说你脑子有问题，我们鄙视了很多年，但逢年过节不买一盒你都不好意思过节，尤其是回家看父母的时候。恒源祥就当自己脑子有问题，“恒源祥羊羊羊”“恒源祥猴猴猴”，

12 生肖黄金时段数了个遍，骂声无数却业绩“涨涨涨”。

这是一个“耗子给猫当伴娘”的时代吗？如果你还觉得不够疯狂，“钓鱼岛”、“莫言”都可以成为商家的促销关键词，因为营销人已经料定，陷阱准备好你会准时落套，守着鼠标就可以看到兔子戳淘宝。演讲、发廊、手艺、电器、音像、烟酒、重要演讲、正规发廊、祖传手艺、原装电器、正版音像、专供烟酒，无论什么，前面加上一个形容词就可以畅销。你看，广告就是这么一个神奇的行当，可以轻而易举地摧毁很多人的信仰。

我的前女友小 A 似乎就更属于这类易被摧毁信仰的人。她拥有一切感性而主观的思维模式，看一档美食节目会流口水，凌晨三点打电话叫我出去吃火锅只因为睡着睡着突然被自己的口水呛醒了，也不图吃多少，围着一个鸳鸯火锅，就是光看着，她都觉得是一种不可理喻的幸福。

后来她说她终于要结婚了，遇见了一个很爱很爱自己的人。我说我已经知道了，祝你幸福。她问你怎么知道的，我知道源于她人人网的相册更新，QQ 状态的更新，微博的更新。我能去的所有地方都能看见她幸福的模样，只是我退出的那一刻默默地删掉了自己的浏览痕迹而已。我说，我知道的，从一开始就知道的，双鱼最后是要嫁给天蝎的。那些年我以为我是天蝎，到最后才知道原来星座是以阳历为基准的，我莫名其妙地成了摩羯，然后莫名其妙地跟女友分手了。

小 A 结婚的头天晚上我们一起去喝酒，小 A 说你算得真准，我老公是天蝎座的，而我只能苦笑，这个世界上没有完美的星座书，只是为了你的幸福我查清了爱你的人所有的底细，即使分手了，看到你不幸福我只会更后悔，所以为了你的幸福我只能无耻地设下一个陷阱。

后来的很多期广告，我设置了很多星座性质的引导，其中以婚纱餐饮快消品行业为主，他们以爱情的名义信服了我的星座诠释，但是最后我却对着那些星座书想哭。你算对了很多人的命，却不曾猜中自己的结局，这是最大的悲哀，因为广告本来就是这样，只说给那些信的人听。

广告一开始就是不怀好意的，无论是什么样的广告。公益、励志、商业、促销，它的背后都有一个不可告人的秘密，我们会因为各种原因深陷到这种命理中。感动，激励，贪图，虚荣，当这些标签一旦被广告激活，我们就开始变得不可理喻，无意识中我们的某些购买因素开始被控制，然后就产生了一些不可思议的问题，于是钱包被掏空了。

公益、励志、商业、促销，广告的背后都有一个不可告人的秘密。我们会因为各种原因深陷其中，当一些标签一旦被广告激活，我们就开始变得不可理喻，购买因素就开始被控制。

企业家应该认识卖火柴的小女孩

如果你还记得这个故事，证明我们曾经年轻过。多年前我们会替小女孩惋惜和悲悯，而她却带着一个满足的微笑离开了，因为每一根擦亮的火柴都带给了她最美好的愿望，火柴在那一刻不再是火柴，而是一个魔法棒。

站在营销人的位置上重新读这个故事你会发现什么？这首先是一个足以打动80、90群体的悲情故事，故事里面的产品——火柴是小女孩最后的寄托，火柴在最后一刻扮演的却不是一个火柴该有的属性，而是瞬间萌生了一系列让小女孩心暖的画面，这是一种情感寄托，对于企业产品来说，正是我们费尽心机想要去做的，把某一种情感寄托绑定到这个产品上，成为产品的一个附加属性，当附加属性的拥有超越了产品自身属性的拥有，那么产品就开始向品牌靠拢。

品牌最后的营销讲得都是一个感觉的延伸，脚蹬耐克阿迪达斯的人要的不仅仅是一双鞋，更是一种拼搏的体育精神，手捧一杯热奶茶要的不仅仅是一个暖胃的瞬间，更是一场可遇而不可求的爱情，清扬给你的是无懈可击的自信，而益达给你的则不止是一场艳遇。我们相信每一个品牌背后都有这样一个暖人心的故事，我们也试图通过广告的形式将这种暖人心的故事、画面传递给每一个受众，因此企业家更应该重新认识一下这位卖火柴的小女孩。

从今天的营销位置出发，卖火柴的小女孩可以是一场足以打动80、90后的行为艺术秀。通过包装后，一群漂亮的小女孩在街上卖火柴，“叔叔，买一根火柴吧！阿姨，买一根火柴吧！”如果这是一个冬天，我想该是多么让人心底温暖的声音。通过这样一场行为秀，我们以公益的目的去传递对流浪儿童的关怀，这是一座城市的正能量，也是一座城的好声音，还是对毕节儿童最好的祭奠。

我们卖的是一份点燃梦想的激情，卖的是一份对迷失儿童的温暖，这样的温暖足以让一部分儿童过上卖火柴的小女孩点燃火柴时看到的光景。这一事件也足以让媒体心动，因为他们需要这样的正能量去传递一座城市的影响力。这就是事件的影响力，公益事件的影响力，这个世界需要光和温暖，而卖火柴的小女孩给的就是我们最需要的。从满足消费者需求的产品法则出发，这是一条对的路。

2012年伦敦奥运会，在大牌云集冠名、奥组委保护赞助商的背景下，一场埋伏营销在所难免，准备搭车奥运的企业更是数不胜数。2008年奥运会时，叫做Twitter的微博模式才刚刚起步，社交奥运营销基本上是一张白卷，国内没有任何可以借鉴的案例。而2012年微博已经风生水起，席卷了我们近80%以上的碎片化时间，无论是聚餐还是上班路上，你总能看到这样一群人手里玩着手机哈哈地笑，而此时，我们刚好正在策划一个快消品的奥运营销主题。

跨国营销执行是在赌一盘很大的棋，我们决定试试游击营销，于是集结了前世界小姐、英国国家队的一名体操运动员以及英国知名的时尚模特，组建了一个吸引眼球的美女团。人物的选择肯定是为了照应产品的本质属性：时尚、健康。这个美女团要做点什么事情才能迅速通过媒体的视角传播开来呢？要知道，奥运期间在各种特色营销的氛围里突围并不是一件简单的事情。所以我们决定开一个国际玩笑，制造一场恐慌，“美女打劫团”的创意就此应运而生。

当然，为了照应此快消品的全年战略主题，我们的整个活动又被增加了一个关键词：梦想。还有一个不能抛弃的核心要素，即产品形象“贝它”。这显然是一个有多重标签的命题作文。在分解了各个关键词在此次活动中的先后轻重关系后，我们确定了整体的操作流程：在伦敦街头上演一出逼真的打劫，但是不劫财不劫色，而是抢劫梦想。为了让整个事件更具话题性和趣味性，伦敦市长不幸也成了我们设计的角色。当视频从 Youtube 搬到优酷，500 多家媒体按捺不住对此事的好奇，卷入了我们的游击营销，当各大奥运专题开始头条推荐这个视频，我们的产品形象“贝它”就光明正大地走入了消费者的视线。紧接着奥运主题海报与二维码天猫商城的结

我们费尽心机想要去做的，正是把某一种情感寄托绑定到产品上，成为产品的一个附加属性。当附加属性的拥有超越了产品自身属性的拥有，产品就开始向品牌靠拢。

合，让整个事件开始倾斜到产品。

我们只不过做了一场公益的、正能量的行为秀而已，于伦敦街头上演，惊醒了很多人已丢失的梦想。在公益的路上，每一个企业都应该买一根小女孩的火柴。

•打动消费者的最佳要素

青蛙变王子缺的就是一个吻

聊完安徒生的童话，我们再来看看格林兄弟。之所以选择童话切入话题，除了轻松熟悉以外，更重要的是童话在很多时候满足了我们对某些事情的奢侈想象。童话里的最后，王子都是和公主在一起的，然后过上了幸福的生活，美好的结局符合我们的传统想象力。

所以青蛙王子虽费尽心机最后还是能够得到一个吻，而和公主赌100天约定的王子，用等待的99天来证明爱，用1天来证明尊严，最终却两手空空。同样是王子，为什么结局如此云泥之别？石佛受千万人膜拜，而青石为阶却受千万人踩踏，同样是石头，为什么待遇如此天壤之别？

世间万物皆炼狱而浴火重生，众生成相，相由心生。心理角色扮相决定了一个人的眼界和心界，所以众生都有一种不同于别人的独特，这种独特从商业角度来说，我们称之为USP，即一种独特的卖点、销售主张。通常这种USP来源于产品自身，而不是营销人赋予它的一些创意想法，这种独特强调人无我有，是一种强有力的市场冲击。20 世纪 70 年代，USP 理论从满足基本需求出发追求购买的实际利益，逐步走向追求消费者心理和精神的满足。90 年代后，USP 理论策略思考的重点上升到品牌的高度，强调 USP 的创意来源与品牌精髓的挖掘。而如今 USP 变得更加扑朔迷离，因为买方市场上的消费者有了更多的同类同质的选择。那么如今的产品 USP 到底在卖什么呢?

USP 的最初主张肯定是找寻一个鹤立鸡群的卖点，找到足以打动消费者的卖点后，寻求一个最佳时机通过各种广告渠道铺天盖地式地散播出去，等待着鱼儿一条一条地上钩。这就好比谈恋爱，最佳时机肯定不是秋冬天。从经济学角度来看，一到秋冬天各种节日纷至沓而，尤其是步入 12 月以后，圣诞元旦新年情人节，这简直就是对钱包的生死考验。从马斯洛需求层次理论分析来看，甚至连最底层都不能实现，且秋冬天穿得太多，连拥抱都是秋衣、羽绒服的味道。这一点加多宝做的就很值得学习。从当年的“怕上火”到如今的“凉茶领导品牌”，尽管背后遭人暗算，但是却利用绝佳时机以“中国好声音”一役打了一个漂亮的翻身仗。

当整个中国好声音弥漫着恋爱的味道，丁丁遇见了杨坤，庾澄庆力挺吴莫愁，那英和梁博似乎已经开往春天里，华少用 47 秒的表白彻底让加多宝稳坐凉茶第一宝座，只是在我们看不见的角落里，那个叫做王老吉的家伙狠狠地踩灭了烟头。

曾经风靡一时的 USP“怕上火”，如今成了谁的救命稻草? 我似乎能听到李冰冰在唱：我已经把你当作我记忆里最值得回忆的往事，为何心痛不能像一个吻，稍纵即逝。没有了公主的吻，青蛙还是青蛙。如今再听到“怕上火”，作为消费者的你会喝点啥呢？加多宝、王老吉还是今麦郎的冰糖雪梨？如果有人问我：怕上火喝啥哟？我会说：天喔蜂蜜柚子茶。很多人会不解地问：不是健康美丽喝啥哟吗？健康美丽最好是喝凉白开，无毒纯天然不含防腐剂添加剂。王自健在某脱口秀也提及过类似的疑问：都说“渴了累了困了喝红牛”，渴了喝啥都行，为啥累了困了不睡觉呢？

你看，广告就是在颠覆我们的三观，三观紊乱了，产品的销路就出来了。

USP 理论主张找寻一个鹤立鸡群的卖点，找到这足以打动消费者的卖点后，寻求一个最佳时机，通过各种广告渠道铺天盖地式地散播出去，等待着鱼儿一条一条地上钩。

重度购买的原因

李雷和韩梅梅最后还是有故事的

如果你出生在1980年到1989年间，你一定认识Li Lei和Han Meimei（2000年的教材改名为Han Mei）。李雷和韩梅梅是1990年到2004年人民教育出版社中学英语教材里的两个虚拟主角。这套教材1990年开始在北京试点，自1993年成为全国（除上海外）通行的初中英语教材。有人估计，自1990到2000年的10年间，使用人教版英语教材的中学生高达上亿人（资料参考百度百科）。

这是80后的小青春小暧昧时代，只是后来的新教材韩梅梅没有嫁给李雷，虽惋惜但这却是真实的爱情，爱一个人并不一定非得走到一起，如同《那些年，我们一起追的女孩》中的柯景腾和沈佳宜。也许是那些年我们不懂沈佳宜，总觉得她有那么多的人喜欢是一件让人幸福的事，我们羡慕却不曾想到她内心的苦楚。

无论怎样，结局不是我们想要的，而这样才会把我们逼进现实，这现实就是一群愤怒的小鸟，总有一群猪在前面笑你，有时候粉身碎骨也未必能够换到一个满意的结局。这个世界上最浪漫的爱情不是天长地久，而是天天尝跌打酒，看你能撑多久！在终于知道前女友小A谈了一个男朋友，只隔了两个公交站的距离，下班可以一起去吃小煎包，随便走走就到了海边时，我想她终于释怀了。没什么好说也没什么要问，除了祝福。爱情过期了，就这样，仅此而已，过期不候。

在一个产品无法真正收拢一个人的心的时候，别谈重度消费重复购买率，一谈感情伤钱的事，在现实的社会里不大容易实现。因此益达给你的不只是一个片段，而是一个你会陷入进去的故事，一个如同你追的电视剧那般的广告，因为你想知道结局，无论酸甜苦辣。清扬把广告做成一种剧情假设，你在等故事结局的时候只不过是在看一个加长版的黄金时段广告而已，没有人愿意看广告，除了变态的营销人，那就不妨在给你的一则广告里插播点电视剧。

所以，冰冻三尺非一日之寒，滴水石穿可能还需要往伤口上撒点盐。罗马城也不是一日建起来的，按照国人的资质可能需要两年。爬高楼坐窗户不一定是遇到感情问题，有可能是蹭wifi。爱情需要持久的新鲜感，同样，做品牌营销也需要新鲜感，而且是一连串的有核心主题的新鲜感，但是千万不能跑题。广告需要的是用USP命中消费者的敏感点，刺激一种冲动，但是冲动只是暂时的，而长效的购买才是王道。

如果李雷和韩梅梅最后没有了故事，你会觉得这是一种青春的遗憾，而当他们最后有了故事，你才发现它毁掉了你的青春幻想，于是我们再也不会相信爱情了。你发誓做了一个艰难、甜蜜、疯狂、热血、不可理喻的决定，你以为是梦想，在别人看来却只不过是一个冷笑话，而且还是一个加了二维码的冷笑话。这就是现实。每一个品牌无论讲什么样的故事，总有一部分受众不会喜欢，所以与其讨好不看好你的人，不如多用点心给关心你的人。

这一点上很多大品牌都会做得很好。一些答谢日、节日馈赠虽然是打着各种感情牌，但不妨暖人心。这样的关怀可能才是最好的销售，看看海底捞，一个喷嚏纸巾立马递上，情侣一吵架鲜花立马驾到，一个最不可能有服务的行业：火锅（菜上齐后自己DIY），海底捞却玩出了服务，而且是贴心到无极限的服务，于是脱颖而出。他们不擅长讲故事，他们的受众却擅长讲故事，故事不妨添油加醋，不妨离奇古怪，这拨在心上的弦胜过太多太多的广告。此时你没有理由不去试试，尽管可能在海底捞会碰见已经嫁给韩刚的韩梅梅。

品牌营销需要新鲜感，而且是一连串有核心主题的新鲜感，千万不能跑题。我们要用USP命中消费者的敏感点，刺激一种冲动，但是冲动只是暂时的，长效购买才是王道。

02

一山不容二虎，美猴王只有一个

•建立心智资源•

挖掘消费者的心智，理论上，这是一个体力活，跟盗墓是一样一样的，上知天文地理下晓八卦传奇，文能山海易筋经武能奇门遁地甲，洛阳铲的每一次出击必然遇见五花夯土，黑驴蹄子总是必杀技。

每一个行业都有这样一个美猴王，它霸气而威武，基本上占领了过半以上的市场占有率，我们不妨称之为花果山定律。

什么是心智资源

盛世古董，乱世黄金

真正的小资是一种气质。例如小资早餐一定要：① 82 年的豆浆配墨西哥油条，油条七分熟；②新奥尔良煎饼果子配沙丁鱼，再加一杯女儿红；③香煎法国鸡蛋配意大利水煮方便面，外加一瓣糖醋蒜；④巴黎麻辣烫配马尔代夫小笼包；⑤西雅图蛋花汤配俩培根韭菜合子，最好再加一根米兰烤肠。

如果你还在追求星巴克咖啡加香菜、豆腐乳、韭花酱、DQ 拌 wasabi 的小资时代，那显然已经超落伍了。从 2003 年美国脱口秀女王奥普拉冲泡猫屎咖啡开始，人类就已经进入“有屎以来”最小资的时代，泰国已经出现了 150 元一杯的“大象屎咖啡”，预计未来几个月北京将出现“鸡屎咖啡”，哈尔滨会出现“狗屎咖啡”，追求上流社会品味要的就是“屎力”。

你以为我疯了？但是这个时代就这个样子。人处于不同的时代其追求的品位就不同，而人的追求才是消费、GDP 产生的主要因素。

孟子可能生于忧患死于安乐，但是我们可能生于计划生育死于烂皮鞋、毒胶囊、地沟油、三鹿奶、苏丹红、瘦肉精、老酸奶、塑化剂、染色馒头、漂白大米、一滴香、人造鸡蛋、甲醛白菜等等。莫言获得诺贝尔文学奖的那一刻，我深深地替中国的化学家们哭了一把。但是无论怎样，人是需要念想的，念想是我们多数时候活着的动力！这个念想我们称之为心智资源，就是在你的心上，自由地飞翔。

心智资源抢占最歹毒的莫过于初恋，只能一个，而且唯一。好的品牌营销需要抢占的是前三段阶梯，这前三段阶梯是建立在消费者心里的一个对比层。一个人的心智最多可以记住同一品类的产品7种，当然除了变态的营销人。挤进前三名就意味着销售、市场份额，如同摇号买车摇号买房，当然摇号买彩票挤到前三名更激动人心，这毕竟前两者出后者进嘛，正所谓“己所不欲勿施于人”（字面歪解：就是要是自己不满足就不要给别人）。

那么如何打入消费者心智资源的前三段阶梯呢？这是营销人不停在探索和追求的领域。当然在人类的发展历程里，爱情也是这样的，而且步入新时代后由于婚姻法的限制开始出现了排他性。当然在持续发展的爱情领域里，“小三”这个角色始终在扮演一个挖墙脚的形象，而且屡屡得逞，这一点更体现在情人节与母亲节鲜花的销售量对比上。通常商业领域更擅长这种暗战，当年腾讯遭遇360就玩了一场艰难的决定。

每一个时代人的内心抉择是不同的，太平盛世收藏古董是爱好，天下大乱则黄金才是硬货。货币自然不是古董，但是古董越自然越值货币。消费者的心里自然有一杆秤，你的产品是否能够抢占到前三的阶梯，广告只是一个介质而已。你见过“老干妈”辣酱的各种广告了吗？它在餐桌上，你的朋友就是介质；它在大学宿舍里，你配一包泡面吃得青春不识愁滋味，你就成了介质。这个世界上从来没有无缘无故的爱，有的这一切只不过是一场惊心的设计。

爱情里面最让人心动的介质是牵手，升华的介质是接吻，然而从邂逅到古稀，坚持一辈子，这才是品牌的营销王道。一个能够让消费者心甘情愿买单、不断买单的产品莫过于爱情。

一个人的心智最多可以记住同一品类的产品 7 种，好的品牌营销就是需要抢占其中的前三，这前三段阶梯是建立在消费者心里的一个对比层。

受众对心智资源的理解

每一个花果山都有一个美猴王

花果山在没有被孙悟空遇见之前，就只是一座山而已，一座荒山。从石头幻化成石猴以后，孙悟空让花果山有了名分，这个名分建立在其自封齐天大圣之后，于是孙悟空就成了这花果山的美猴王。在商业领域里，每一个行业都有这样一个美猴王，它霸气而威武，基本上占领了过半以上的市场占有率，我们不妨称之为花果山定律。

在首次尝试用 App 模式帮助客户进军母婴市场的时候，我们的应用谈不上是这圈子里的猴王，但是绝对是这圈子里第一个吃螃蟹的人。一个生活类应用，定位于 80 后妈妈群体，应用以拍照为核心，盈利模式为按月订购。这样一款单纯的手机应用如何才能以最快的时间调动市场的兴奋点，成为一个美猴王呢？

市场调研来源于 80 后朋友妈妈圈的内测，我们需要挖掘 80 后妈妈群的核心需求属性，于是一个核心的 USP 从妈妈们的口中输出：宝宝丢掉的每一个成长瞬间都是妈妈最惋惜最遗憾的。这个点让我们惊喜，于是利用媒体圈和知名妈妈博主圈的内测散播了我们第一期的主题：珍藏单反拍不出的回忆。同时这个主题在各大 App 论坛也展开了。似乎这个点也吸引了苹果 App store 编辑的注意力和兴趣点，为此我们赢来了一周左右的分类榜单推荐。当然，我们的 App 核心功能也是在推荐苹果手机的照相功能，这一点也为我们的推荐赢得了加分。

对于这种新型 App 推广，社交网络是必不可少的宣传利器。除去潜在用户群、妈妈群体知名博主的推荐，我们又集结了 App 推荐类账号。完美的内容营销如果不配合些事件就缺少爆发力，而借势则是事件营销的一个捷径。恰好著名影星任达华丢手机事件让我们产品的 USP 更加的彰显出优势，在表达惋惜之情后，我们渗透了自己的软广。一周内，我们强势推广了母婴类网站，顺利挤进 App store 总榜前 100 名，成为母婴类拍照应用的绝对新势力。

每一个圈子总有一部分意见领袖，他们的评价是一股很强的龙卷风。在电影圈子这种力量更明显。《失恋 33 天》就是一个依靠社交网络雄起的典型案例，天时地利人和齐活后一举成为票房黑马。通常我们并不能影响到这一部分意见领袖，因为他们不像我们那些年追的女孩，只要打通她的闺蜜基本就胜利了一半，但社交网络的另一个便捷点就是用话题去影响受众的参与，找准他们感兴趣的话题。

很多时候，当我们费尽心机想要去做那个美猴王的时候，反而会忽略身边的很多风景。大多数产品直线突围成功的概率太低，那就不妨尝试一下曲线进攻。这时就需要挖掘更细分化的市场，更细分化的受众需求，这样也更易于产品见缝插针开辟出新的市场。比如我们之前帮助某餐饮行业品牌做突围，我们没有按照以往的惯例去挖掘主打菜系的影响力，而是利用餐馆本来就是聚会社交的场所属性设置了社交晚餐的概念。社交晚餐的概念目前已成为一种新型社交，而且在国外该模式已经开始流行。极具本地特色的社交晚餐通过线上订购线下消费的“020”模式，让每一场晚餐都更加地吸引购买用户的好奇心，然后好奇心转变成了传播力，继而促进了整个餐馆知名度与销售额的提升。为了让整个活动有话题性，我们规划了社交晚餐的核心话题点：每个周六都是一场谜。为了保证每一场晚餐不至于陷入尴尬的境地，我们每个周六都会定一个讨论话题，并让这个话题来进一步聚焦消费者。

所以有些时候，换一种思维方式，在任何山头上其实都可以成为自己的美猴王。

如果产品直线突围成功的概率太低，那就不妨尝试一下曲线进攻。这需要挖掘更细分化的市场，更细分化受众需求，如此也更易于产品见缝插针开辟新的市场。

左手还是右手打开咖啡馆的门

我想我还是会遇见你，在某一个等候红绿灯的那一刻，你竖起衣领裹紧了围巾。风很轻，这个冬天青岛还没有下雪，25 秒的时间是一眼万年，25 秒的时间是覆水难收，只是我不曾上前一步，你不曾一个转身，这样的感觉其实刚刚好。多一个眼神都显得暧昧，多一个转身都显得矫情。

前女友小 B 说，我现在在丽江，买了一注彩票，是你两年前给的号码，中了 10 块钱，我买了两杯廉价的奶茶，河边的灯很好看，风微凉。你给的号码我老公改了一个蓝球哦，你看我还是那么幸运。谢谢你，两年前给的礼物到今天才懂得，赌运气，这一次我终于赢了。而我说，终于可以不用再关心你那座城市的天气了。

有一种习惯叫做前女友，不止可怕而且难以戒掉。你会因为她而爱上太多太多莫名其妙的东西，而在未来你们分开的岁月里，你还会莫名其妙地有这种习惯的冲动。这种习惯有时候潜伏在你的潜意识里，一个偶然的契机就会蠢蠢欲动。我们不妨称之为惯性思维。

惯性思维总是习惯自动激活，吃午饭的时候我们会选择人多的餐馆，一篮子苹果我们喜欢挑相对大的，但是惯性思维大多数时候会跟我们开一个玩笑。比如一个人连续说十几遍月亮，你突然问一句后羿射的是什么，大多数人就会不假思索地说是月亮，这就是惯性带来的偏离。虽然有些时候惯性思维会省去我们一些思考的时间，但是在广告行业这却是一个可怕的标签——这会让我们偷懒，从而产生一些不必要的笑话，也阻止了新创意的萌生。

在做某一家庭医生服务机构营销策略的时候，我们就陷入了一个惯性思维的怪圈。我们第一视觉的思考是定位企业家，企业家是我们的主要购买群体，而这家机构恰恰也是致力于推动企业家健康的。因此我们做了一套策略，以企业家为主题的策略：符号人生。整套策略的核心目的是提升品牌的认知度和信任度，且渗透到企业家的圈子里。我们充分挖掘每一个企业家背后的符号、背后的故事，如同苹果之于乔布斯、小米之于雷军、老罗英语培训之于老罗、海底捞之于张勇、新东方之于俞敏洪，每一个企业家背后都有一个这样被人熟知的符号。

这个符号不仅仅代表一种成就，更代表一种人生历练和经验、精神。我们更希望这种经验、精神通过合适的渠道去影响每一个正在路上的创业型年轻人，这是一种很有价值的正能量。为了让这一策略更具执行性，我们开始寻找第一波具有影响力和说服力的企业家，也就是第一批已经购买我们服务的企业家。想要影响一个企业家来进行类似代言的这种行为，那么我们是需要一个强有力的理由的，那就是去商业化，满足企业家的一种精神需求。这就是最后成型的符号人生带来的公益性——传递一辈企业家的经验、精神，用一句话感受企业家所经历的磨难与历练。同时我们借鉴“巴菲特午餐”的概念，决定来一场属于企业家与年轻一代的对话。

以健康的方式去拍卖企业家的私属时间。我们以早晨散步为契机点规划了活动：在脚尖，思考人生；以营养晚餐的时间规划了落地执行活动：在舌尖，思考人生。我们希望活动的目的是传递一种健康的方式，因为每一个企业家最后的符号都应该是健康，健康才是最重要的，这样也同时照应了我们的策略主题，即解读符号人生：以健康见证无限可能。

整个策略能够有效地以公益的名义挖掘年轻一代企业家对健康的需求，对家庭医生的需求，同时我们还在传递一种公益的正能量，以健康的名义。

这个策略确实让我们兴奋了很久，尤其是在我们惯性思维的驱使下，而当我们再次核实营销预算、品牌营销有效周期的问题时，我们却不得不将这个主题延后了。于是在当前的主题下，我们开始重新思考是否有一种更便捷的途径可以去打动我们的购买者，去更好地渗透到消费者群体，从而更强有力地去执行对企业家定位的策略。

通常在做营销的时候，第一思维永远是受众是谁我们就对谁推介广告，其实我们可以换一个思维方式来推介这种广告，那就是关注谁对我们的受众最容易形成影响力，谁的影响力能够促进我们的受众买单。这就是惯性思维的可怕。习惯就是这样，你回头想想，你总是用左手还是右手打开咖啡馆的门，坚持了多久？你有没有换过一种方式开门？你总是喝哪一种口味的咖啡，坚持了多久？有没有换过？是我们怕尝试新鲜否定自己过去的选择和坚持，还是我们已经坚持了那么久所以变得无所谓？就像如果我们已经等了 30 分钟的公交车就仍然会等下去，而不会去选择打车，因为我们已经浪费了 30 分钟。可见，心理暗示是惯性思维的帮凶。

营销的第一思维永远是产品受众是谁就对谁推介广告，其实可以换一个思维方式，那就是关注谁对受众最容易形成影响力？谁的影响力能够促进产品受众买单？

品牌功能与心智资源的绑定推介

定海神针的下一个名字是金箍棒

为了挖掘出更具潜力的创意和对受众的细分，让每一步执行流程都经得起推敲，我们重新思考了该家庭医生服务机构的营销策略，当抛弃掉惯性思维后，我们迎来了一个全新的世界，但是这个全新的世界很可能会震荡我们的各种人生观和价值观。如同当孙悟空取走定海神针的那一刻，整个龙宫动荡了一般。而后来为了配合孙悟空的身份角色，定海神针被冠名为金箍棒，于是定海神针从龙宫一个名不见经传的棒子变成了孙悟空手上华丽丽的兵器，自此以后陪同孙悟空披荆斩棘杀妖除魔。

我们抛出了一个话题，反思维话题：做广告给谁看？做什么广告？广告谁来做？一切朝着反向思维去思考，我们发现这样的思维方式其实是在逆转和否定我们之前的策略，但是就是这样的反思维方式，得出来的结果却让我们眼前一亮。

在发散的创意过程中，我们分了两大关键词：受众、创意。站在两个对立面上的四种组合：正面受众正面创意、反面受众反面创意、正面受众反面创意、反面受众正面创意。通常一个广告诞生的前提是正面受众正面创意，即找到营销受众，由广告公司提出创意解决方案。

我们坚信源自市场的调查，企业家是绝对看广告的人，但是我们的受众——35 ~ 50岁的企业家，其实有一部分正处于人生尴尬的境地，上有老下有小。我们通常定义这样的人生是“三明治人生”。这一部分企业家把大多数时间奉献给了企业，很容易忽略自己的健康状态，但是对于孩子和老人的健康问题却很上心。所以其实在通往受众的路上，有两个角色是更容易打动我们的购买者的，那就是孩子和老人。

结合线下已经开展的几期营销活动带来的效果反馈，新的亮点就这样诞生了！孩子是我们受众最佳的突破口，而且还容易去除商业广告的嫌疑，于是我们决定狠狠地走一把温情牌。通常我们广告公司的创意都是创意策划人员编写出来的，这类广告虽华丽，但有时却并不能深入消费者的内心。而这一次我们觉得要玩得漂亮一些，决定把广告创意的权利交给我们的绝对受众——孩子，这个想法很大胆，而且符合我们发散思维的“正面受众反面创意”的思路。

既然受众确定、广告创意来源确定，接下来我们怎么借鸡下蛋呢？广告的核心目的是打动消费者从而促进买单的概率，这一次我们以孩子作为创意来源输出，他们的创意点必然更能打动他们的父母，这也使我们有了更好的名义推进我们的免费试用卡。于是我们决定举办一场幼儿园画画比赛，这很显然是一场有预谋的广告植入式命题画画比赛，但是我们的目的是让每一位参与的小朋友为父母赢得一份健康，主题也是全家健康，冠军获得的当然是一份全家健康的全年免费试用，而其余的小朋友则将获得各种家庭医生服务机构提供的奖品及健康试用卡，我们的广告就这样悄悄地深入到了每一个消费者的内心。之所以推进我们的试用服务，是因为我们非常相信我们的试用转化率，尤其是精准用户试用转化率，这也是我们策划的一个核心。

广告的市场推广周期就是一个不断加大受众印象的周期，很显然这样一个简单的比赛并不足以产生强大的影响力，我们需要更强的广告渗透。社交媒体是口碑的集散地，尤其是有意思的活动，所以我们决定将这样一场属于线下的比赛做成一场网络选秀，从而推进我们的广告主题。

于是我们筛选出最有意思的30幅画以社交媒体作为打分平台，糅合广告主、幼儿园老师的评分，通过三部分社交——60%老师、30%广告主、10%的比例推介比赛主题和冠亚军的产生。冠亚军的产生及颁奖并不是整个活动的结束，因为此时我们才刚刚开始第三波的广告轰炸——精准小区投放广告，广告的内容当然来源于小朋友的创意！此刻在让企业家有面子的同时，我们的广告效应也正在企业家的圈子里慢慢地发酵。

从一期画画比赛、二期线上推进健康主题到三期回归广告投放，我们以小朋友的姿态、用他们的创意影响着我们的企业家受众，广告的推进趣味盎然的同时最主要的还是深入人心。这一路上我们思考了很多，其实那些打动消费者内心的广告，大多数源于消费者的普通生活，源于消费者的故事，如小朋友生病怕打针、怕吃药的心理诉求与家庭医生的 USP 对接，这些以小朋友的画笔告诉他们的父母则温婉而有趣，让人印象深刻。

当然这仅仅只是一次偷懒的广告创意，但是我们觉得，这样的偷懒才是营销的真谛。所以创意在营销人的手里如同金箍棒，变大变小变没，多换几个眼界和心界，你就会发现营销如此有趣。

你打算做广告给谁看？做什么广告？广告谁来做？一切朝着反向思维去思考，这样的方式得出来的结果会让人眼前一亮。

可乐和醋到底有什么区别？

洞察一个品牌的过去、现在和未来，了解一个品牌的竞争力和健康程度需要从三个角度去综合考虑，那就是品牌对消费者的价值传递、品牌在市场中的直观表现和品牌的竞争前景。比如要诊断一个饮料品牌的基本需求的满足状况，就不仅需要诊断其口味、口感、营养性、解渴效果、新鲜度这些产品要素，还需要诊断产品包装的美感、购买的方便性这些满足消费者时间、体力及精神方面的因素。

如今的社会，一见钟情这样的概率并不能像是超市里萝卜青菜促销一样随处可见。这就要求每一个急于想要坠入爱河的单身男女有着更强的判断力和敏锐的投资眼光。屌丝逆袭的过程是不可预见的，所以爱情的抉择实际上是在考验单身男女的战略眼光。每一份爱情都是一场无底线的投资与经营，好的结果百年好合，差的结果妻离子散，但是每一个结果的呈现都与最开始的判断分不开。

通常站在一个局外人的角度上，一杯可乐和一杯醋的外在特征都是一杯有颜色的液体，而区别两杯有颜色的液体最好的方式便是闻和品。当然这些普通的实体产品更容易通过一些触觉味觉反应来辨别，而品牌的诊断辨别就显得复杂多了。品牌这东西，看得见摸得着却无法感受到，它的初步意义只是一个标识，或者一个印象深刻的 logo 亦或 slogan。那么如何让这样一个小标识被赋予一种让消费者甘心埋单的属性就成了品牌诊断的一个大难题。

同样在货架上的两包薯片，同一条街上的两家咖啡馆，同一个服装店里的两条裤子，你靠什么方法来分清它们？去标识后的可口可乐与百事可乐谁能区分开二者二氧化碳与糖的比例？80% 甚至更多的人都分不清它们的区别，为什么？是我们的自主判断有问题吗？很显然不是，因为一旦标签打上，我们立马就开始大言不惭地说乐事薯片好吃、星巴克咖啡好喝。那么究竟是什么在一瞬间篡改了我们的思维？

是诊断。诊断最能体现一个人的前瞻力。诊断是两部分核心的要素在为自己的想法呈现各种结果，从而判断取舍保留最有利于自己的一面的行为。张小蛋交女朋友的时候，每月的工资仅限于玩玩网游抽包烟下个馆子，在我的世界里他是一个很好的哥们，但是也基本上属于报废性质的生物，你完全看不到他将来的规划。但是恋爱后我才发现，这哥们的状态基本上等同于大富翁游戏里用了红卡的股票，工资一路从 2000 飙涨到 6000。

他们恋爱以前，我开玩笑地跟张小蛋的准女友说，你投资一个跌破发行价的垃圾股简直是在拿生命谈恋爱。直到张小蛋跟我说他要买房结婚了，我才发现张小蛋的成长史太励志了。你简直无法想象恋爱这东西有时候会跟打鸡血一样可以蜕变一个人的一生，我甚至不明白张小蛋的女友是如何慧眼发现了我身边这个隐藏了多年的大宝贝。后来据张小蛋的女友解释：张小蛋追她的那会儿，玩的小创意千奇百怪，她觉得这货不入广告界简直是在浪费人才，然后就自作主张跑到张小蛋公司给他搅和辞职了。女人真是奇怪的生物，就是凭借着这种莫名其妙的第六感就让张小蛋自此走上了广告的不归路。

姑娘果然是发展的第一动力，尤其是推动互联网发展的核心动力。你看，张朝阳一直在搜一个叫狐的姑娘，丁磊想网住一个叫易的姑娘，马化腾一想起叫讯的姑娘就疼，刘强东至今思京京，李开复时常想起在谷堆旁唱歌的姑娘，扎克伯格可以为了姑娘非死不可。

人生有时候就是这么无常，我的哥们只不过想喝一杯可乐混吃等死，就是因为一个姑娘的莫名信任——愿意拿自己一辈子的幸福跟他耗着，我的哥们就一下子平步青云了。果然当局者迷旁观者清，人的潜力是靠挖掘的，品牌的价值是靠诊断呈现魄力，酸甜不过一念间，却映出人生百态。

了解一个品牌的竞争力和健康程度需要从三个角度去综合考虑，即品牌对消费者的价值传递、品牌在市场中的直观表现和品牌的竞争前景。

品牌印象

第一个喝牛奶的人对牛做了什么

凤凰传奇有一首歌很火——《最炫民族风》，改编一下其实就是对医药连锁店最好的写照：生病的时候是我的哎，大大的药店小区门口开，什么样的药品最啊最上摆，什么样的推荐才是最开怀。成批的药品从厂商来，流向那提成最高一片海，哗啦啦的利润是他们的期待，一路边坑边骗才是最自在，我们要治就要治得最痛快。你是我药店“坑爹”的人才，你会识破诡计蹲下来，药，药，蹲下来！这就是行业潜规则。每个行业都有一些你探不到的底线，否则两只命运迥异的破皮鞋不会经历“鞋生”的起起伏伏，最后以果冻和老酸奶、胶囊的形式在一起，就像是最感人的声嘶力竭的爱情。

第一个喝牛奶的人对牛做了什么？同样是哺乳动物，总有一个人要模仿神农氏尝百草的做法，好在这个家伙喝完之后精神倍爽，于是人们惊喜地发现原来牛奶是如此美味的饮料。牛奶对于牛来说，不过是在其自身的价值上又重新挖掘出来的一个价值而已，但是第一个喝牛奶的人的勇气源自于哪里呢？

产品新品上市时想要消费者接受是一个长久而持续的过程，在这个过程中有可能因为各种外界因素而导致这个新品的覆灭。这就好比以定位“非油炸”曾经疯狂差点一统方便面市场，到最后却英雄落幕哭断衷肠的五谷道场。所以新品上市时品牌形象很重要。我们必须挖掘一个点来满足消费者印象的空缺，第一个喝牛奶的人我们不妨定义为：馋，想必也只有一个馋到极点的吃货才会去想试试牛奶的滋味，由此可见：馋是吃货绝对的生活原动力。

问君能有几多馋？一盘烤鸭放中间。问君能有几多馋？两瓶红酒放两边。问君能有几多馋？老板烤翅加五串。问君能有几多馋？恰似麻汁到舌尖。问君能有几多馋？法国鹅肝加两片。问君能有几多馋？京口瓜粥一口鲜。

馋不仅仅体现在吃上，更是一种羡慕嫉妒恨的精神，也绝对是一种绝佳的销售法则，这种法则应用到新品的推介上会产生意想不到的效果。这种人性“馋”的引诱是建立在新品的体验上，我们在做某一化妆品的新品推介时，就尝试了“体验营销”带给产品品牌印象的加分。

我们所做的化妆品为三个套系：面膜、保湿霜、美白精华乳。源自法国，从雪融水的深层提炼出天然保湿因子 NMF、小分子胶原蛋白等，可以帮助肌肤在表面形成一个天然有氧“湖泊”。为了贴近白领生活职场的状态，我们初步定义该化妆品的营销路线为情感贴心营销，命名为“肌肤闺蜜”，让首批试用用户体验一种新的化妆品姿态，从而更易接受该化妆品所推崇的时尚姿态。为了配合整个产品夏季的推广与产品核心属性：美白、保湿的绑定，更主要是彰显该化妆品原料地阿尔卑斯山带给受众的一种想象空间，我们自定义是大自然的搬运工，从阿尔卑斯搬来一个关于夏天的凉爽，搬来一个关于公主的奢侈梦想，搬来一个贴身的闺蜜，给消费者这个夏天最冰爽的肌肤美白保湿之行。于是整个产品的推广主题落实到“让肌肤去旅行”。核心的目的是：用面膜打通消费者的体验，用保湿和美白去除消费者夏天对燥热、晒黑的恐慌。我们希望最终的结果是消费者褪去面膜后重新艳遇“另一个自己”。

为了满足消费者对新品试用的想象空间，我们规划了这样一种让肌肤旅行的姿态，并以新闻软文的方式覆盖女性新闻媒体：敷上一张面膜，徒步轻装上阵，不去想黑夜和白天，不去埋怨工作贪慕金钱，不去抱怨。一个人闭上眼，一个人听歌，一个人用脑海的影像为自己放一部轻松的电影，一个人任凭阿尔卑斯的清凉将自己包围，一个人站在镜子的这边冲镜子里的另一个自己大声喊：嗨，好久不见！

相较同质的产品我们让消费者有了更人情化的体验，从收集的试用报告来看我们更加确定了我们的品牌印象、更贴心化，所以说与其把产品卖给消费者，倒不如变成消费者最贴心的闺蜜。

新品上市时要让消费者接受将是一个长久而持续的过程，过程中有可能因为各种外界因素而导致新品覆灭，所以上市时品牌形象很重要，我们必须挖掘一个点来满足消费者印象的空缺。

朝三暮四还是朝四暮三？

我年少时的梦想：娶个姑娘、养条狗、周游世界。长大后才发现，我只不过缺一辆房车、一颗说走就走的心而已。后来我的经济条件决定了我只能在书里寻找我的世界，在身体和心必须有一个在路上的纠结里，我选择用街景地图和每天 2 元钱的网费周游世界。

而我的好朋友葛二毛却是一个笃定信念的虔诚教徒，尤其是在爱情的抉择里，他笃定将来一定要娶一个长马尾、喜欢吃棒棒糖、木命的姑娘。为这个无比坚定的信念他赌上了很多的艳遇。他不觉得这是唯心主义的作祟，却坚信这是爱情力量的召唤。这种使命般的心智让葛二毛至今仍是单身，虽然这并不妨碍好姑娘在他身边团团转。尽管这种信念不可理喻，甚至癫狂，但是我想这种深入到骨子里的坚持正是一个好的品牌所追求的叫做心智资源的东西。

如同初恋，它的影响力带给我们的不仅仅是荷尔蒙的激发，更是在记忆深层打上刻骨铭心的标签。我之前有一个朋友，爱一个姑娘爱得非她不娶，女孩叫做梁晓乐，于是他在胳膊上文了一个“乐”

字，逢人便炫耀这是一种多么坚贞不渝的爱情。后来，他们分手了，我说，你要么重新找一个带“乐”字的女友，要么涂抹掉重新开始。涂抹掉的那一天，他说疼。我说有些疼看不见摸不着在心上，一辈子。后来的某天他结婚，我看见他的新娘名字虽然不带“乐”字，却有着与梁晓乐雷同的外在气质，他片甲不留地杀向 180° 的方向，以为那是他的幸福，到最后却无法回头。

在爱情的世界里我们都是猴子，一个不懂加减的猴子，我们分不清朝三暮四与朝四暮三的区别，但是我们总希望一开始我们得到的要多，也就是这样的一个人性弱点成了品牌心智资源的切入口。以微博营销为例，我们寻找了心智资源建立的七条之“最”。

a. 最浪漫

世界上最浪漫的事不是山山水水我们一起走过，而是隔着两座城市的距离用 140 字谈谈情恋恋爱。这是微时代带给我们最浪漫的冲击，于是很多商家把控了这一点，用浪漫去传播品牌的文化价值、用浪漫去抢占用户的感性心智资源，于是“帝都”暴雨时刻“@百合网”以其品牌属性缔造了世界上最浪漫的事——“陪你在办公室看海、地铁站看瀑布”的微段子。

b. 最潮流

“犀利哥”混搭、“微笑哥”跨年 45° 仰望天空的烟花、清洁工爷爷鼻吻小孙女。这个时代，究竟 LV、爱马仕、Chanel、Gucci 更养眼，还是那些我们日渐日远的情感最养眼？时代的潮流在 140 字面前来得更迅速，草根时代人人都是一个媒体，也因为如此，每个人的声音才都可以被这个世界听到；也因为如此，我们以为潮流握在手中而最后却还是被潮流甩得很远。因为到最后我们以为的潮流成了一种由上层建筑来决定的文化。

c. 最 sexy

我们不得不否认人性的某些弱点于微博便展现得淋漓尽致。那些年某加“V”的女星微博直播丈夫的偷情，各种高管因调情落马，那些年露骨的照片成了骗粉丝的最佳手段。也许那些年我们只记得他们各种发布会星光闪烁，却已然忘记他们除去薄衫炒作的那一刻。当然除去这些纷杂的人类弱点，我们依然看到了一些经典的营销案例，于是杜蕾斯在草根名人“@作业本”半夜的段子里找到了营销的突破口，塑造了微博史上最“sexy”最“甜蜜”的微博营销案例：半夜怀孕事件。

d. 最有品位

如同“语路计划”12位梦想人物的诉说，微博在传递一种品位的同时，不是眷恋你背后的角色加“V”还是草根，只要你是真诚地诉说一份感动一份梦想就有权利被这个世界倾听。我们以为的广告就是大量地植入，让产品卖得更好，当然你可以以为这就是成功，但 Johnnie Walker 却用梦想打造公益长城，所有的短片及文件资料中均没有品牌植入。贾樟柯直言，有品牌愿意出钱做这样公益的事情很难得，他很感动。可见有时候品位更能抓紧一部分受众人群，当然，Johnnie Walker 的受众更多来源于上层建筑。

e. 最具创意

创意在微时代显得更精简而挑剔，博客时代我们可以长篇讲一个裹脚布式的故事，而现在 140 字的模式将更加挑战品牌的创意引爆点，使我们必须用更便捷的方式去挖掘消费者的心智。碎片化的时代让他们的时间变得更碎片化，我们需要传播的广告于此就更要精准捉住某一瞬。于是在网民智慧的引领下，凡客体、蓝精灵体、眼睛渴了体、非凡体等一批商家软广告迅速地侵占微博高地，成就了一段口碑神话。当然这是段子时代的调侃，各种“体”只是让段子有了更加流行和恶搞的理由，也正是因为这种互动创意从而瞬间拉近了消费者与产品之间的距离。

f. 最有母爱

如果回到 2011 年，我们谈起那些因为微博疯狂转发而走红的视频，最让人感动的不外乎《妈妈的谎言》《今年五一，你回家吗？》。这些主打亲情牌的营销策略瞬间 hold 住微博网友的泪点，然后引爆了一场感动狂欢。当后工业时代我们忙碌拼搏的时候，当我们蚁族般生活在硕大的城市里，找不到未来梦想的时候，我们突然就被这样的视频打动，因为在我们看不见的远方永远有期盼我们的父母，他们只能在电话里各种节假日里问一句“你回家吗？”把消费者的故事用于品牌印象的建设，把产品属性的心智资源建设在消费者自身的故事上去传播，如此就有了更多的共鸣。

g. 最不可思议

不记得是哪个产品或者哪一个微博网友开始引领转发捐钱转发加斤碳、一块砖之类的微博段子。不记得是谁先在微博搞征婚求婚，标榜如果转发多少多少她就答应云云。不记得什么时候转发有奖、转发会发财，爱情好运之类的图片开始疯狂，究竟是这个世界太迷茫了还是我们需要自我欺骗麻木了？但是无论如何我们不得不承认，这些不可思议的事情正在微博上走红，就像当年恶搞小胖一样，龅牙哥也会走红。

当我们细数过微博的一些营销手段，我们越来越发现各种暴力营销依然疯狂，就像那些依据关键词留言的疯狂软件。如果你恰好登录着微博，可以顺手发个三月不减肥四月徒伤悲的段子试试，相信不远的几秒钟你将会收到各种减肥药的推荐！但是无论何种营销手段，企业产品仍是需要良性口碑的，而红人则无所谓，就像凤姐当年一役成名，现在却也可以温柔煽情转型，就像芙蓉姐姐当年一役成名，如今摇身一变也可以励志，但是企业的产品却貌似没有这么个周期让你峰回路转。所以企业千万不要疯狂追风，营销之前要掂量一下你这 140 个字会不会引起一场蝴蝶效应，这 140 字究竟是在传递什么价值，这 140 字究竟有没有包含你对消费者心智资源的抢占？

创意在微时代显得精简而挑剔。博客时代可以长篇讲一个裹脚布式的故事，而现在 140 字的模式将更挑战品牌的创意引爆点，促使我们必须用更便捷的方式去挖掘消费者的心智。

盗墓还是盗梦，玩的就是智商

永远站在很 2 的位置上，让消费者实现一种大破千年谜案的愿望。这是通常的网络事件营销里惯用的一个伎俩，消费者喜欢这种戳破窗户纸体现智商优越的快感。当然在恋爱的暧昧阶段这张窗户纸代表着最美好的想象，很多人不敢去戳破面对，直到最后时光静好暗恋成伤。有时候，大胆一点可能结果就会明朗很多，但是多数人只是为了留一个念想就放弃了大胆一回的念头。

我高中时候喜欢过一个姑娘，文科班的，写过 17 页预计 17×800 字的情书，论述了一个屌丝青年如何擦肩遇见并爱上一个女孩的故事。我们曾经在某个城市的路边摊吃过很辣很辣辣到流眼泪的拉面，那些年我们在很大很大的体育室里放那些烂俗的网络歌曲，在空旷的体育室里打乒乓球，在六楼的楼顶踢足球，跑很远很远的市场去买刘若英的磁带。我很庆幸那些年爱过，用心，尽管如今她已经嫁为人妻。这些捅破窗户纸的爱情都成了刻骨铭心的记忆，我很希望这样的故事是可以走下去的，但是现实就是这个样子，我们最后没有在一起，这才是结局。

我每天上下班路过的便利店再也没有了我喜欢抽的烟以后，我会变得无所适从，我不知道哪一种口味的烟草划过舌尖才是我要的感觉，就像多年前我的女友突然离开我，什么消息都没有了，没有电话没有书信，是那种彻底与我的世界隔离的消失，我问了她身边所有的朋友，没有任何人有她的消息，直到多年后她突然结婚了。隔着三五年的距离，我甚至没有勇气问当年为什么离开，得到答案又能怎样呢?

有些结局再也改变不了了，多年后的今天我站在一个广告营销人的位置上告诉自己：有些心智一旦烙下，就再也不会爱了，百分百付出的人就像火中取栗的猴子，总是来不及撤回伸出的手。无论多好的品牌一旦心智资源抢占的定位跑偏，再好的战术也会于事无补，所以一开始我们宁愿一个品牌慢慢地走慢慢地摸索，也不愿意看到一个品牌华丽丽地出场羞答答地落幕。

挖掘消费者的心智，理论上，这是一个体力活，跟盗墓是一样一样的，上知天文地理下晓八卦传奇，文能山海易筋经武能奇门遁地甲，洛阳铲的每一次出击必然遇见五花夯土，黑驴蹄子总是必杀技。因为每一个消费者都是一盘很大的棋，家家都有一本难念的经，所以我们需要站在最繁华的街头通过一张张预设好的传单去收集一个个细微的用户信息、喜好反馈。办公室拍脑袋出来的创意忽悠一些土肥圆的客户还可以，高端的客户肯定是要精工出细活的，这不仅仅是对广告主负责，更是对每一个输出的创意负责。

基本上市场调研、用户调研分解出来的一些用户属性代表就是产品打入消费者心智的一个缺口信息，我们需要通过这个缺口打入消费者内心产生一些烙印，这就需要一些有技术含量的盗梦植梦环节。如何把我们预设好的创意通过消费者马斯诺层次需求原理缺口植入消费者心智，这是营销最难的课题。我的好朋友张小蛋追他女朋友的时候是这么做的，通过各种途径请了他女朋友为中心、闺蜜为半径的众多好友，然后各种零食贿赂。那个时候我给他算了一笔经济账，除去每个月的房租 4 包香烟 200 块钱的电话费，生活费基本上仅限于方便面与火腿肠的各种混合搭配，比如今天红烧牛肉面对玉米肠，明天就小鸡炖蘑菇面配淀粉肠，后天就来一碗老坛酸菜加烤肠，剩余的钱再加我支援的 1000 元全部用于恋爱事业了，以至于后来我们出租房楼下濒临倒闭的花店经过张小蛋两个多月的扶持，最终度过了金融危机，现在生意蒸蒸日上，张小蛋也就顺理成章变成了该花店的终生 5 折会员。

吃人家的嘴短拿人家的手软，这句话总结的真心好。强势的爱情攻势下，姑娘终于抵不住张小蛋的温柔炮弹，外加身边一系列闺蜜同事的软磨硬泡各种好话说尽，终于一咬牙一跺脚摇身变成了张夫人。讲到这里，我隐约地觉得我的脑海里正在脑补脑白金各种死缠烂打的广告、正在脑补“怕上火喝加多宝”的广告。

张小蛋的工资从跳槽时的 2000 直线上升到 6000 的时候，我隐约觉得他和他女朋友都在下一盘很大的棋，似乎他们的投入产出比终于迎来了爱情股市的黄金期，看来心里有爱的人最后运气都不会很差，也从这一点上我深刻地领会到体验营销绝对是一个华丽而甜蜜的陷阱。

市场调研、用户调研分解出来的一些用户属性代表便是产品打入消费者心智的一个缺口，我们需要通过这个缺口打入消费者内心，产生一些烙印，此时就需要配备一些有技术含量的盗梦植梦环节。

点下一杯咖啡前需要广告刺激吗？

同事刚网购了两袋云南现煮咖啡，外包装的文艺范儿彻底征服了一大批小清新女同事，她们觉得这是文艺对小资最好的致敬，一杯现煮咖啡的奢侈想象从此一下子让公司陷入了一种小甜蜜的氛围。我轻轻喝了一口，舌尖微苦，我觉得这样味道的人生才带感，如果再搭配一支烟的烟雾缭绕，想来此刻我们大多数人或许都可以找到天堂。

在我的印象里，云南应该是盛产茶的地方，尤其是普洱茶，那里的茶应该有禅的味道，喝一口就可以解人生烦腻。但是此刻，我却在想，上一杯咖啡是什么时候喝的？在哪里，和谁一起，喝的哪一个品牌？难道这就是一个广告营销人的自我强迫症？吃喝拉撒睡、衣食住行游必须是与一个品牌绑定的吗？

隐约回忆了一下，我上次的咖啡是在办公室陪一个做交友网站的客户一起喝的，速溶咖啡，有点苦，我放了 3 块太古方糖。似乎之后的两三个月内我再也没有那么小资过，尽管我不是那种重度消费者，但是如果下一次发生购买行为，我依然会选择三个月前喝的口味和品牌，并不是因为他们的最新广告“活出敢性”打动了我，而是我的味蕾已经熟悉了那种味道。这种感觉道不明，就如同那些恋爱的小暧昧期，等不到一句晚安就会失眠，等不到一句“我爱你”就会胡思乱想一样。

这就是心智资源对一个消费者的迫害，如同恋爱的世界里容不得第三者插足一样，这种排他性的信赖让品牌脱颖而出，所以在心智资源的塑造过程中，每一种品牌都在试图扮演消费者最贴心的闺蜜，最暖心的死党。益达会告诉你吃两颗对牙齿好，虽然其实内心的潜台词是吃两颗对益达的销售额贡献比较好。就是这种心理暗示让很大一部分消费者深陷其中，而且一旦通过市场销售反馈实现，就会成为各大商家争相模仿的对象，彼时，牙膏品牌会告诉你：关爱牙齿一天刷三次牙；凉茶品牌会告诉你：喝两瓶凉茶更消火；方便面厂商会告诉你：吃两包泡面胃更饱。

要知道，这个世界上，没有无缘无故的爱。每一个品牌都在尝试用情感化的方式去缩短你的消费周期和产品消耗周期，快消品在这一点上更为明显。在益达的内心潜台词里他们巴不得告诉你吃一瓶对牙齿好，士力架巴不得告诉你吃 10 块更横扫饥饿，每一个广告主都巴不得从正月初一到年三十，年年岁岁 365 天天天是节日。我的好朋友张小蛋就说，一入广告深似海，从此萧郎是路人。我说你好歹还有植树节可以过，而我植树节都给客户安排了公益营销。你看，市场竞争就是这么激烈，你树立一个广告牌，竞争对手立马见缝插针，消费者虽然不是墙头草，但是人心都是肉长的，难免会因为各种因素动心的。没有拆不散的夫妻，只有不努力的小三，我们坚信只要锄头舞得好，没有墙脚挖不倒。

所以对一个好的品牌心智资源维护是一门很深的学问。曾经统一占据台湾市场的绝对份额，走向大陆却遭遇康师傅，如今试图利用“老坛酸菜”挑战“红烧牛肉”却已经力不从心，晚到就是一种资源的消失，难以弥补。曾经让咖啡时尚一跃成为职场小资聚集地的星巴克在台湾遭遇了 85 度 C 的快时尚街头边喝边走，虽不至于一败涂地但也处处被动。

通常的品牌心智资源维护需要耗费企业的大量资源，从线上内容营销到线下某个分销渠道贴一张宣传画，各种渠道广告的定期投放、市场销售的意见反馈都是必经之路。我觉得最保存实力的营销策略应该是一线市场铺货、二线市场铺广告、三线市场铺促销树口碑。今麦郎方便面的前身华龙就是依靠低价策略华丽丽地在农村市场打了一场漂亮的营销仗，如今正常的 80 后似乎都有过将自己的零花钱换过一包华龙方便面的经历，怎奈貌似乌江之役，华龙转身农村包围城市的策略、城乡消费层次的定位，让 80 后至今思华龙，不肯买今麦郎。然后华龙慢慢地淡出了农村市场，一个崭新的“高富帅”今麦郎彻底地走进了城市民众的视线。

如今的市场回到买方市场，再不是依靠大屏幕的广告展示就能换回市场份额的钱多人傻速来时代了，今麦郎与统一联手进军饮料市场，一包泡面 + 一瓶饮料的青年快餐文化非但没有让它们走得更远，反而是定位的不清晰、新品的怪异、王老吉加多宝大战的围观起哄让今麦郎的市场越来越不明朗了。

品牌的心智资源就怕跑偏，一偏离，受众就不知道你的核心是什么，对你的信任度就会随着竞争对手的利诱而越来越快地做离心运动，一旦离心运动发生且大规模来袭，那么一个硕大的棉花糖就产生了，你以为很甜很大，但是却见不得阳光，只是一个华丽的景象。所以品牌的心智是一个不断对消费者投其所好的过程，一个不断递进的过程。一个完整的市场营销策略必然是一个心智阶梯逐步上升的策略，下一杯咖啡前，如果你少了对消费者的广告刺激，那么乘虚而入的竞争品就会找到一切可以利用的机会，突出重围。

维护一个品牌的心智资源就如同尼古丁在身体里的比例函数，少了就会浑身不自在，必须要加一支烟。饭后必须要嚼两颗口香糖，早晚刷一次牙，饿了先拿士力架充饥，累了来瓶红牛，上火了先试试加多宝，这一切都是在建立一种品牌强迫症，统称：心智资源。

心智资源维护需要耗费企业的大量资源，从线上内容营销到线下某个分销渠道贴一张宣传画，从各种渠道广告的定期投放到市场销售的意见反馈，这些都是必经之路。

如何提升巩固

最牛的营销人在骗子界

建立和维护品牌心智资源是初期阶段，是对品牌美誉度与信赖感的培育阶段。这个阶段如同“早安晚安我爱你”对小恋情的滋润，也是恋情的一个磨合期。磨合期的分分合合是对恋情最大的考验，有些人一见钟情爱得死去活来，到最后却可能萍水相逢他乡遇见不相识。磨合期是爱情的初考验，婚姻是爱情的坟墓，而品牌亦如此，我因为好奇买过雀巢的“笨 nana”，也因为哈根达斯的 slogan 而将其买给自己喜欢的女孩，我甚至记得那一年的雪很大，而我从那以后的每一个冬天都再也不吃雪糕了。后来的我也不再喜欢这些品牌了，之前喜欢这些品牌的时代建立在我喜欢的人喜欢这些品牌上，我们分开了，而这些品牌并没有过真正出现在我的心智阶梯里，我的心智里只是对爱情的幻想从而给予这些品牌闪存的空间而已。

提升一个品牌的绝对心智依赖，对于广告营销人来说是一个非常有意思的课题。这一点上，苹果手机一直在乔布斯的带领下不停地技术创新，小米手机的雷军就一直不停地模仿乔布斯的方式大玩“饥饿营销”，直到有一天乔布斯的梦想终止，iPhone4S到iPhone5的创新如同一个板砖拍下去的，甚至网友开始调侃三星配苹果的剑盾组合，我也开始怀疑这种“饥饿营销”有一天会把自己的消费者饿死，那么之前慢慢培养起来的心智资源就白费心机了。iPhone5首发的冷场就是最好的证明，就如同爱情，你老矜持拿捏，他的爱就会显得懦弱，最后只能找一个懂他的人，这个世界上没有谁永远离不开谁，只有谁不懂得珍惜谁而已。

前女友小A送给我的生日礼物累计了4年，是4个不同的魔方，只可惜4年后的大学时光结束后，我们并没有走到一起，我甚至从来没有对她说一句我爱你。她等了4年，没有承诺的4年后，她说，她累了。没有承诺的爱情如同没有USP和感性倾诉的品牌，注定挤不进消费者心智阶梯的前三，这样的品牌随时都可以被替换。大学毕业后，我带着4个魔方去一家电台实习，习惯了在书桌前放一个，每天的空暇时间偶尔玩玩，但是总记不住复杂的公式也永远拼不齐完整的6个面。直到有一天，一个关系不错的女同事问我你喜欢玩魔方吗，我说不是喜欢，是一种习惯。原来有些爱是根植于内心的，尽管不承认不默认。女同事说，她送你魔方无非是想要告诉你，她会围着你团团转直到有一天变成你要的样子。这也是魔方的公式，从一个圆心点出发到最后回归成6个面。

我懂得了，却依然不敢说出爱。爱的代价是责任，无论我们是否任性，经济基础仍是爱情的基本责任，就像品牌必须要保证最初的马斯诺层次需求原理。多年后前女友小A结婚前最后对我说，从此对一个人死心，对另一个人塌地。我知道，我们终究没了故事。

爱情像是魔方，却没有有章可循的公式，一旦打乱了，就再也无法回到同一个面，我很后悔我没有欺骗她一辈子，我太自以为是了，到最后赢了天下输了她又有什么意义？我宁愿一开始拱手让江山，低眉惹红颜。

巩固一个品牌的信赖感是巩固心智阶梯位置的首要责任，不在于你变得有多强大，而是你强大前强大后仍然记得那些最初支持你的消费者。我两手空空前没有权利要求别人去爱我，但是有些人却不计得失陪我经历了4年，我想这是我多年后不会再遇见的爱了，因为那是我最后的青春。

在爱情的世界观里，最好的欺骗是一辈子，而骗子是最好的营销人，他虽然没经过专业系统的理论学习，但输出的每一个空手套白狼的USP都能够让很多人中套。为什么？这就是人心，懂人心者得天下，品牌要的就是动人心、懂人心。而骗子最厉害之处就在于能够瞬间满足人内心的一种想象，是被骗的人不可企及的一种想象，而且让人觉得触手可及。

巩固一个品牌的信赖感是巩固心智阶梯位置的首要责任，它不在于你变得有多强大，而是你强大前强大后仍然会记得那些最初支持你的消费者。

03

那些年，我在互联网踢足球

•市场卡位•

再完美的营销战术如果没有强大的策略支持，到最后都会成为一场华丽丽的秀，秀结束了，人走茶凉。品牌不怕重新定位，怕的就是定位转型的过程中，策略一步错步步错，最终自己将自己逼上梁山。

前女友小R说，你就陪我喝一杯咖啡咋了，我还能吃了你！是的，你不会吃我，我也不会吃你，但是，时光已经将我们的美好都吃掉了。

鸡蛋放在几个篮子里最保险?

亲爱的三文鱼先生，你好吗? 今晚你很快就要见到wasabi小姐了。不出意料，味极鲜小姐和豆腐乳先生、韭花酱小姐和蒜泥先生、火锅小姐和铁板烧先生将共同点燃9999支蜡烛一起见证你们的幸福黑暗料理时刻！让我们一起含着眼泪儿吃着火锅儿唱着歌儿，迎接“是芥末日”的到来吧！

你看，玛雅人果然不靠谱，用一个世界末日忽悠了全球的人，这是一次多么好的营销，让全球的人为之振奋而开始去了解玛雅文化。在中国，有些人放弃了复习四六级，有些人卖了房狂捐，有些人狂刷信用卡，到最后，22日的早晨太阳照常升起，期望碎了，但是这样的机遇却成了商家的狂欢节。

没有人会傻到把鸡蛋放到一个篮子里，赌世界末日真会到来，所以很多商家巧借末日营销博了很多彩，而消费者也乐意在这样的日子里被骗。但是品牌营销不同，品牌营销要找准一个合适的蛋放到一个合适的篮子里，拎回家做一道合适的菜，这才是品牌的真谛，人生亦如此。有时候我们在帮助品牌拼命地寻找鸡蛋寻找篮子的过程中才会发现，把鸡蛋放在不同的篮子里的做法未必是对的！

消费者寻求的物质依赖是建立在某一个产品的某种功能上，如果一个产品没有突出的心智识别功能，那么就会陷入一个貌似全功能的假象里，通常国外的大品牌比如宝洁便是这个样子的：飘柔、潘婷、海飞丝、沙宣、伊卡璐、舒肤佳、玉兰油、SK-II、护舒宝、封面女郎、帮宝适、佳洁士、欧乐-B、汰渍、碧浪，其产品包括洗发、护发、护肤用品、化妆品、婴儿护理产品、妇女卫生用品、医药、食品、饮料、织物、家居护理、个人清洁用品及电池等，最重要的是每一个产品都有自己独特的品牌名称及心智定位。而在中国，很多品牌为了缩短一个品牌的培育周期，往往是充分地消耗母品牌的知名度和美誉度，这样也是在间接混淆消费者的心智判断。当然，比如云南白药跨界牙膏市场是完全可以将云南白药的药属性递加到牙膏上的，而霸王的跨界似乎就并不乐观，从市场调查来看，消费者心智中对“霸王”的品牌联想依次是洗发水、中药洗发水、中草药文化。品牌资产的过渡联想必然会决定霸王跨界凉茶的成功与否，而“致癌门”事件的出现不仅冲击了整条产业链的完整性，更是将霸王赖以起家的洗发水市场拉下水，即使霸王跨界凉茶成功，传递的心智资源中药世家仍旧不能让消费者买账，每一个购买凉茶的消费者喝起霸王凉茶是不是隐约觉得口腔内有股洗发水的味道呢？在我生活的这座城市，有一个洗脚城经营不善被一个餐饮行业的老板盘下来开了火锅店，生意一直兴旺不起来，中途改过两次名字，门头招牌装修换过很多次，生意依然比较冷淡。这是为什么？在大多数人的惯性思维里，这个地方原先是洗脚城的概念很难被去除，所以跟这个店叫什么名字无关，装修豪华与否无关。

品牌就像鸡蛋，看似外壳很硬实则不堪一击，很多品牌就是毁在了自以为自己的强大，就像当年因为三聚氰胺倒下的三鹿，消费者一手捧起来的品牌，如果企业不珍惜也会毁于一旦，江山易打不易守。而如今的品牌江山也是一场看不见硝烟的战争，拼广告拼渠道，最主要的还是拼定位，企业都在试图挖掘更细分化的市场与消费者心智的抢占，比如益达一统口香糖市场，想要短期突围难度系数太高，那就不如侧面进攻，于是就诞生了更持久的口香糖。嚼更久是口香糖的一个小突破，也让该品牌一下子从众多的口香糖品牌市场中突围出来，试问消费者，你是愿意购买一瓶嚼三口就味同嚼蜡的口香糖，还是选择一瓶嚼十口依然口气清新的口香糖呢？此时我们回头再来看益达的广告，想必你就不难发现为什么益达告诉你饭后嚼两粒了吧！两粒的口感肯定比一粒更持久！

现在再来重新思考品牌定位，你觉得它死了吗？我觉得它只是活得不明显而已。

品牌江山是一场看不见硝烟的战争，拼广告拼渠道，最主要的还是拼定位。企业都在试图挖掘更细分化的市场与消费者心智的抢占，找准一个合适的蛋放到一个合适的篮子里，拎回家做一道合适的菜，这才是品牌的真谛。

就当上一个梦想已经死了

小时候，我们通常的作文题目是我最尊敬的人、我的梦想是什么。现在请你静下来思考 10 秒钟，你的梦想是什么？你年少时候的梦想是什么？它们现在是在平行线上还是已经相交了？

我的好朋友张小蛋是一个有理想有抱负的好青年，高中时代他以为他会成为一个顶尖的飞行员，为国家付出满腔的热血。他也坚信他的这个伟大的梦想会随着高三的到来逼近现实里。很可惜，现实是他 1.0 的视力和一冲动就血压直窜的身体出卖了他的灵魂，出卖到骨子里，现在他的这个梦想只能在喝了半斤北京二锅头后于嘴上过过瘾。

葛二毛的终极理想是当厨神，三五小菜随便那么一搭配就能吃出满汉全席的味道。这个梦想在我和张小蛋光顾了葛二毛的家，吃了一顿外卖以后鄙视了他一个星期。他说他的双手正在等一个他爱的姑娘来激活，一旦激活了，整个美食界将为之震撼且惋惜——为什么让他不食人间烟火这么久，这是对美食最大的不尊重。每一道菜都是有生命的，它在等最会品它的食客，爱情也不过如此，等一个人品一生，举案齐眉相见恨晚。至今，我依然不明白的是，一个每周将康师傅各种口味方便面吃一个轮回的人，怎么可能对鲁菜、川菜、粤菜、苏菜、闽菜、浙菜、湘菜、徽菜八大菜系如数家珍。一想到端着方便面碗写着各种美食分享文章的葛二毛，我就觉得人生太滑稽了，梦想这玩意儿更滑稽。

我扪心自问，24岁，最疯狂的梦想是什么？24岁，在哪一座城市，有没有疯狂爱上过一个人？24岁，坚持最久的一件事是什么？问着问着，自己会情不自禁地落泪，因为我的梦想已经死了，它们悄悄地逝去，没有挽歌、没有诔文、没有祭礼，甚至来不及告别和送别，这就是我们以为最好的时代。

有一次参加杨幂的一个商演活动，遇见一个多年不见的女性朋友。一身Prada，手挎LV包包，连她周围的空气都是香奈儿的味道。“这一身行头挺贵吧？”“没多少，也就五六万吧。”这时她包里的手机突然响起“苍茫的天涯是我的爱”，于是她说“亲，我先走了，有空常联系”。这么多年过去了，我们生怕别人知道我们过得不好，却从来没有去问自己我们这样努力包装打肿脸充胖子，有没有想过梦想的感受?

时光便是韩国最好的整容师，削尖了你的脑袋弄大了你的肚子。时光还是屠夫手里最顺手的杀猪刀，惊艳了猪圈悲凉了猪生。时光也是最毒的农药，红了樱桃绿了芭蕉。就当上一个梦想死了吧，这是最好的解释。下一个轮回里，记得别喝孟婆汤，否则多走前生路。

而在品牌的营销领域里，我们将这种行为称之为再定位，就像我们随着年龄增长不停地根据现实抛弃掉我们儿时的梦想一样。再定位的原因有多重，比如原有定位错误，比如原定位不符合企业新发展，再比如原定位的优势不存在了，因为这个时代是依靠人来推动的，而人的价值取向和偏好都会随着时代的变迁而发生变化，还比如2008年以前没有人知道这个世界上有一种网站模式叫做微博。

也可能你的品牌当年定位的那一部分受众如今已步入古稀，也可能你的品牌遭遇了更强大的细分化市场的竞争，也许你的品牌要进行大规模的跨界发展，所以我们不得不重新研究消费者人群，制定传播新的定位，这样我们才能保证品牌新鲜感与当前时代人群的呼应。李宁终于从“一切皆有可能”到“让改变发生”，以自己“90后李宁”的姿态讨好90后受众，我们看到了李宁的“疯狂”还看到了李宁的“不正常”，也看到了李宁脱离了原有的客户群体，拱手将自己的江山分给了正在定位从高端的“小众”市场转变成寻常百姓的“大众”市场的耐克、阿迪。

再完美的营销战术如果没有强大的策略支持，到最后都会成为一场华丽丽的秀，秀结束了，人走茶凉。品牌不怕重新定位，怕的就是定位转型的过程中，策略一步错步步错，最终自己将自己逼上梁山。

重新定位的过程中，我们不妨换一个思维方式，站在对立面上的逆向定位，例如手机：年轻一代喜欢各种安卓系统、ios系统下各种琳琅满目的App，老年一代需要大屏手写就足以或者可以一键拨通儿女电话。从多角度上看问题，然后剥离每一个有用的点，我们不妨称之为分离定位：比如我们正常家用的锅，由于其作用的不同可分解为平底锅、高压锅、无烟锅、不粘锅、电炒锅，根据不同的材料细分又会细化为陶瓷锅、砂锅、铁锅、铝锅等等。这个世界上有60多亿的人口就有60多亿种不同的口味，我们虽不至于为了每一个不同的口味定制输出属于他们的锅，但是我们可以划分出大众市场和小众市场，市场的细分就定位出了不同产品的供求比例，这就是我们需要研究的课题。分离定位意味着产品步入多元化的延展，无论是市场的张力还是产品的生命周期都会相应提升，通过多元市场的刺激能够有效地促使消费者的需求上涨，同样品牌会在更细分化市场里占有更强的市场竞争力。

逆向定位、分离定位是在原有的类别中创造新的细分品类，而关联定位则使产品脱离了原有的品类，与一个新的品类建立联系，比如脑白金的消费群体明明是老年人却让年轻人买单，比如我们之前做的家庭医生服务客户，明明企业家是绝对的消费群体，但我们却偏偏对企业家还在幼稚园的儿女旁敲侧击下手。

你看再定位是一个多麻烦的事情，所以有些梦想，即使看不见明天的太阳，我们也一定要熬过最熬人的黑夜，坚持一下下，也许奇迹就发生在这一刻。不要害怕那些被嘲笑的梦想，它们更有去实现的价值。

再定位的原因有多重，比如原有定位错误，比如原有定位不符合企业新发展，再比如原有定位的优势不存在了。品牌不怕重新定位，怕的就是定位转型的过程中策略一步错步步错，最终自己将自己逼上梁山。

卡位

没有硝烟的卡位战

2012 年的夏天似乎因为欧洲杯的出现而让球迷异常的兴奋，就是这种不可控的迷局让球迷和伪球迷迎来了这个夏天的一次狂欢，很多商家按捺不住激动的心情，赛事一开场就利用奖品疯狂地抢占欧洲杯时段的曝光率。各种你想要的不想要的手机、数码、吃的喝的玩的弄得微博跟刷屏似的。当然这归功于蔡文胜世界杯期间 32 部 iPhone4 指引的一条竞猜路，各种企业都想趁机狂捞一把粉丝，于是欧洲杯就成了狂送奖品的节日。

我们的目的是做营销，营销的目的是推介产品或者服务，借助外部社会事件的力量绑定推介产品或者企业的有效识别点，如果只是一味地邯郸学步照搬各种猜中就送，那么到最后欧洲杯一结束你能获得什么呢？难道只是为了赚一批转发中奖专业户粉丝吗?

欧洲杯突围有两条捷径，高富帅企业一般选择媒体购买或者微博强势奖品营销，佳能、麦当劳、阿迪达斯基本上都是用资金实力杀出了一条血路。这种营销模式不像唐骏的成功学可以复制粘贴。

强势奖品营销更不用多说，微博随便一搜索“欧洲杯竞猜”，稀里哗啦各种 iPhone4、iPad 满天飞，这年头做活动送个 iPhone、iPad 简直成了标配，10 个 20 个，你想送多少送多少，至于谁能拿到自然只有主办方最心知肚明了。

屌丝企业跟着微博营销大军只好送电视送冰箱送代金券，却没有企业稍微停下追随的脚步仔细多为受众想一想他们到底想要什么。如果只是为了博个欧洲杯眼球经济，想来找个白富美送初吻都比 iPhone 来得更划算，送归送，送完了的企业是否得到了想要的呢？

提起这种即时性的营销，我们不得不提一下曾经轰动一时的章鱼哥，没送一样东西却尽收各种媒体头条，水族馆跟着水涨船高，他为什么能成功呢？继 @ 邵佳一 8 场逆中成为中国版乌鸦嘴“贝利”后，另一个微博网友 @ 匪首娃娃的异军突起，8 场 7 中，甚至连比分都命中，8 场比赛尽收近 4000 粉丝，对比大手笔的奖品营销，谈不上一个案例，但是作为零成本的推广，这个 @ 匪首娃娃的欧洲杯营销却带给了我们很多的启示。

“欧洲杯死亡之组 C 罗依然单刀思考人生失两球，罗本率橙色军团开盘即中‘头彩’被德国战车轻松碾于轮下。15 ~ 16 号将崩盘，屌丝爆冷逆袭高富帅，CD 组迎来喜感之战。克罗地亚逆袭指数三颗星全靠运气，法国福神附体 2：0 轻取东道主，爱尔兰瑞典第二轮破釜沉舟只能一队突围。CD 四强突围西班牙猛灌爱尔兰。”就是这样看似普通的一系列微博竞猜段子中却不难发现里面的玄机，每一个段子只猜四场，利用文字游戏和最拿得准的数字比分让整个段子出彩。

以球为媒的赛事不过是一场游戏，考验的是一场泛兴趣，企业抓不住这一点就永远只能走在营销大军里无法小荷才露尖尖角。反观豆瓣网这一点就做得很好，以兴趣为媒塑造的圈子，共同的话题感必能产生英雄惺惺相惜的归属感，很显然欧洲杯大家要的氛围是看球侃球而不是为了一个转发试试自己的运气。因此 @ 匪首娃娃的突围建立在融入球迷的圈子，说他们想听的话，从而 4 天狂赚近 4000 粉丝的拥戴。

而欧洲杯单纯的猜胜负显然不能引起更大的争议性，毕竟铁杆的球迷还是能够略知一二的，所以 @ 匪首娃娃 在一开始就加大了竞猜的难度，一条段子猜四场且带上比分，一旦竞猜成功就必然能够引起话题。而事实证明，第一条小试牛刀就激起了涟漪，法国对乌克兰遭遇大雨的一场比赛彻底让这一条段子见涨。随后 @ 匪首娃娃 发布的第二条又是利用比分竞猜通过捷克 1 ：0 胜波兰让整个微博升温，第三条虽然没意料到瑞典的逆袭却也命中了四强的诞生，截止到欧洲杯结束其微博粉丝增加近 5000 人。

通过 @ 匪首娃娃 竞猜我们不难发现，微博营销的领域有一条看不见的引线，一旦被企业挖掘到，稍微加点创意之火即刻就能被点燃，这就是隐藏在其中的泛兴趣营销链。众所周知新浪微博的发家史基本雷同当年博客的推介，以明星为主打，拉动线下粉丝的线上互动，靠明星的生活吃喝拉撒睡吸引粉丝去关注他们喜欢的明星的一举一动。而每一个人都有一个爱好，被定义为吃货、睡货、文艺青年等等，他们喜欢逛街、购物、侃天文地理、娱乐八卦，就是这样小小的兴趣成就了一个个的小圈子，我们通常说你宁愿相信邻居满嘴里跑火车也不愿意相信刚认识的网友推介给你的新款智能手机，这就是口碑的力量，来源于好友的推荐。

因此每一个加“V”的或者明星或者有一定影响力的草根，他的粉丝都是以他为主的泛兴趣营销圈子。通常来说我冒充自己是杨幂的粉丝然后去互粉一些杨幂的粉丝基本上互粉率在90%以上，为什么？高山流水遇知音，就是这个感觉。微博营销的初期，骗粉丝这是最好的方式，于是很多时候你会看到一个账号一会儿是杨幂的粉丝一会儿又爱姚晨爱到不行，接着又跟着李开复学创业，随后跟着黄健翔侃球，稀里糊涂他的粉丝就过十几万了，这一笔账真的稀里糊涂吗？未必吧，一旦粉丝形成了一定的影响力，他只要用心提供他们的微博内容，慢慢的，他就能在微博上杀出一条血路。当然也有更快的方式，那就是擦边球的泛兴趣营销，说一些别人不敢说却敢看热闹的话，尤其是针对敏感问题的，疾恶如仇的愤青在微博上很多，只是没有人给自己加一些愤青的标签而已。

通过球赛的类比我们不难发现一个问题，那就是当我们在口口声声地谈着定位、再定位理论的时候，一个更形象的品牌商战词汇的诞生由篮球术语引申得出，意为进攻人运用脚步动作把防守者挡在自己身后，这种步法就叫卡位。卡位要求的是一个实时的现场判断，通过抢占有利的位置为自己赢得更多的机会。如今在变化万千的市场规则下，企业更需要这种“卡位”精神。

卡位的核心要素对于一个品牌来说，是要找准消费者的泛兴趣点，切忌盲目“卡位”，这样有可能一不留神导致“越位”。

卡位要求的是一个实时的现场判断，通过抢占有利的位置为自己赢得更多的机会。如今在变化万千的市场规则下，卡位的核心要素对于一个品牌来说便是要找准消费者的泛兴趣点，切忌盲目“卡位”，这样有可能一不留神导致“越位”。

铲球

锄头舞得好，没有墙脚挖不倒

爱情里定位：一男一女，无可厚非。关键是有些人定位不清晰，于是这个世界就开始变的美妙了，一男一男、一女一女的爱情价值观我们站在正常人的思维上是无法理解的，但是这并不妨碍我们祝福他们、成全他们，虽然这种观念暂时会跌破我们的眼镜，但是我们依然会相信爱情。倒是站在反腐一线上的二奶和善于以盗墓为生的小三，却不得不让我们刮目相看了。

二奶的生存法则是不声不响甘心被包、养在深闺无人识，炫富是死穴。小三无名无分却积极向上试图为自己拔得头筹，多数游走在别人婚姻的边缘，纵然我们一个劲地灌输婚姻是爱情的坟墓，但是总有识货的小三通过天文地理占星卜卦奇门遁甲，探到龙穴。而且她们不屈不挠的精神让我们坚信：没有拆不散的夫妻，只有不努力的小三。从道德层次上这种做法是该受到鄙夷的，但是从商战经济学上来说，这是一种强有力的市场竞争法则。

二奶和小三定位非常明确，找一个爱自己的人，这样爱自己的人就会愿意为自己付出，她们擅长用青春和纯情包装自己，永远有着豆蔻的年华和猜透男人内心的砝码，永远保持着距离与新鲜感，时刻让陷入其中的男人看得见却永远抓不住，这种扑朔迷离的关系成功地勾起了男人强烈的占有欲，于是一场好戏就这样诞生了。

商战是一种最复杂的三角游戏，本家、竞家还有消费者，这种关系跟三角恋类似却又不同于三角恋，因为本家和竞家都在追求消费者，而三角恋是转着圈的恋。当然这种三角游戏也成功地颠覆了三角最稳固的定律，世间万物果然相生相克。那么三角关系里面谁是最后的受益者呢？

本家和竞家大打价格战，表象拼得你死我活，看似最受益的是消费者，而实际上是各赚自己的一亩三分田。京东苏宁大战就是一个很好的例子，国美的参与纯属分得一杯羹，一场电商大战浩浩荡荡惊动了 CCTV 所换来的营销效应，并不是刘强东一个“西红柿门”所能企及的，到最后利润会一一让他们露出曾经打着“为消费者着想”旗号的真实意图。当京东对着苏宁喊出“你若为 1，我就敢 0”的时候，苏宁对京东说“临开战前我想问你最后一个问题”，京东说“爱过”，于是我就知道这一场小暧昧里，消费者注定就是那个看着韩剧哭得稀里哗啦还说好感动的姑娘。商家最后只会看到你拍了屏幕上的货，却看不到你滴在键盘上的泪。

那些一遇到节日就停不下手的姑娘，各种拍了拿到包裹后悔的姑娘，发誓再网购就剁手的姑娘，上辈子若不是千手观音那一定也是三头六臂的哪吒。在网购的红色娘子军里，她们也确实体现了不菲的电商推动力，也是这样一群姑娘拯救了电商。既然姑娘就在那里，不离不弃，那么作为商家就应该下点工夫了！

经历了定位再定位或者卡位，对于商家来说接下来的环节就需要贴身肉搏了。“铲球”，足球术语，足球运动抢截球的一种。是利用倒地时脚或腿的伸、扫、蹬、勾等动作进行抢截或控球、传球、射门的技术。特点是快速、突然，打得对手猝不及防。当然我们一定要遵守球赛规则，铲球不当定然会犯规，轻则黄牌警告重则红牌罚下。王老吉加多宝大战的时候，今麦郎就半路杀出程咬金搞了一出“怕上火，喝冰糖雪梨”，这一脚背后铲球可谓很臭，看不出你的实战技巧却暴露了作为一个企业品牌的良心，这种节骨眼上你想消费者会选择为一个落井下石的企业品牌买单吗？

一个刚刚入围小组赛的85度C咖啡在首次遭遇大咖星巴克这种一线咖啡连锁品牌的时候，却在主场凭借准确的市场定位、及时的市场卡位给了星巴克一记漂亮的铲球。85度C这好记又特别的名字，取名来自“咖啡在摄氏85℃时喝起来最好喝”的意思，他用同样的工艺却低于星巴克更多的价格来卖咖啡，这种价格战就是差异化，但是他们似乎并不担心在做赔本的买卖，又以股份以及更高薪水的承诺，不惜花三年时间从五星级饭店感动并挖到一个主厨，对

“怕上火，喝冰糖雪梨”这一脚背后铲球可谓很臭，看不出实战技巧却暴露了作为一个企业品牌的良心，这种节骨眼上你想消费者会选择为一个落井下石的企业品牌埋单吗？

于消费者而言品味档次面子问题一一被化解，这就是差异化，你以为人家赔本卖咖啡，实际上人家在卖五星级的糕点美食享受， 这就是策略，永远不要让竞争对手知道你靠什么盈利！

调整带球

三天打鱼两天补网

这是一个几乎接近天籁的地方，这是一个与世无争的天堂，可以呼吸到上帝的气息，可以看得见天使经过的痕迹。是的，这里是2008年我最想去的一个地方，西藏布达拉宫。不是因为儿时历史课上那些让我迷恋的传说，也不是任何关于故事的信仰，只是想拍拍照散散步听听天籁的诵经声，和自己心爱的人一起。

齐齐哈尔扎龙湿地、丽江的青石板路、云南的吊脚竹楼、敦煌的秦俑情怀，是我一生怀念却很久不会企及的地方。世俗的生活是一种累赘，让我无法放下沉重的包袱和心爱的人奔赴一场只有两个人的旅程，这一生爱过伤过而后永远，记忆里许下的城市都成了我最后的怀念，也许有一天，我会一一路过。

到阳朔779km，到拉萨3327km，到北京1838km，到珠海1652km，到武汉951km，到怀化249km，到长沙3236km，到广州1252km，到铜仁53km，到虹桥200km，从一座城市到另一座城市，从一颗心到另一颗心，那些看不见的距离，某一年你是否也曾经记得，谁还记得是谁先说“永远地爱我”！

那跨马而过的悲怆时光，是谁在流年的照片面里留下等着你回家的模样？你躲在 1987 年的旧时光里读着永不长大的故事，那些喜剧的爱情到最后都成了童话，于是你隔着两座城两部手机谈着一场永远不会变老的恋爱，亲爱的，是这样吗？如果有一天，站在旧石板路上，你会读着一个怎样的故事教育咿呀的儿子？

在钢筋与混凝土的城市建筑里，你可以开溜三分钟，但是你总会回归到现实，现实总是在我天马行空的那一刻突然杀入禁区，铲球，然后一脚抽射，打得我一脸茫然。生活就是这样，总需要有一个人去打鱼，有一个人补网，只有这样的配合，再世俗也会觉得快乐。

但是通常在这样一场营销商战里，我们会忘记那些补网的人。营销的招数可以天马行空，但是策略必须保持绝对的统一，全体人员的统一配合。我们费尽心机用各种策略去拼市场、拼渠道、拼超市的货架展示面，好不容易来了一记漂亮的铲球后，接下来我们则不应该急迫，而是要耳听八方眼观六路，调整脚下的节奏，找到离你最近的队友，通过脚下盘带球，找准时机来一记漂亮的助攻。这个时代不是一个英雄单刀的时代，千万不要试图用一个单刀的时间去思考人生，那样的结局往往是拿整个团队的青春赌未来，赌明天。你的助攻开始后，请迅速找准你的下一个位置，准备呼应接力，接下来将是一场漂亮的反攻战了。

广药集团以为收回“王老吉”是一记漂亮的铲球，从此坐拥王老吉上亿的品牌资产，而实际上是加快了加多宝新品牌的推进，“养儿防老积谷防饥”，这一下可以让加多宝彻底地对“养子”失去侥幸感，而将更多的精力放在培养“加多宝”的品牌价值上。当广药集团以为大势已定坐拥凉茶江山的时候，殊不知在默默补网的加多宝踢出了一记漂亮的助攻，虽还是原先的策略却赌中了“中国好声音”的影响力。人生大抵如此，几度悲伤几度欢乐。好声音平台的暴强影响力，改名广告的持续地毯式播放，使加多宝似乎瞬间主场的气势附身，直到 2012 年至 2013 年的各大卫视跨年演唱会加多宝一举拿下央视、浙江卫视、湖南卫视的三台冠名，这一场关于凉茶的大战火药味就更浓了。

王老吉自收回后的策略貌似一直是三天打鱼两天晒网，你很难看到一个完成的规划，除了一味地跟风加多宝的策略，就是试图利用一个官司接着一个官司打乱加多宝的后方战线，这样的营销策略注定是被动的。市场对于消费者来说，只是原先的凉茶换了一个名字而已，无所谓，但是对于王老吉来说却是味道变了，如果此时策略不跟着变化，即使留住了消费者的人对品牌的原有依赖也很难留得住消费者的心。

渔民即使知道已迎来捕鱼的旺季，出海前，他们也会先记得补网。网是捕鱼的前提，其次才是捕鱼的技术，企业品牌的实战营销如果分不清楚网与技术的区别与先后，就永远不可能来一记漂亮的射门。

营销的招数可以天马行空，但是策略必须保持绝对的统一，全体人员要统一配合。这个时代不是英雄单刀的时代，千万不要试图用一个单刀的时间去思考人生，那样的结局往往是拿整个团队的青春赌未来，赌明天。

助攻

每一个成功男人背后都有一个败家的娘们

你越过三条街给她买过一支雪糕，她穿过篮球场给你送过一瓶矿泉水；你写过 793 个字的情书，她唱过 158 个字的歌曲；你拍过旧皮球投过三分，她弹过木吉他得过一等奖；你的破单车后座永远空着，她的同桌永远换了一个又一个；不是不习惯，而是当雪糕融化的那一刻，什么都不在了，包括我们的青春。

我以为终有一天，我会彻底将爱情忘记，将你忘记。这个世界上，总有一个故事会被遗忘，就像电影院 5 月 30 日的榜单终究会取代 29 日的影片，6 月 1 日的黄金档都是骗骗小孩子的把戏，可是，忽然有一天，我听到了一首旧歌，我的眼泪就下来了，因为这首歌我们一起听过，而且不止听过一遍，亲爱的，祝你生日快乐！当你陪一个人度过两次生日以后，从第三次开始你就舍不得让她一个人过。

这就是爱情。爱情的世界里就是这样，你会为一个人拼命地去改变，变成她想要的样子。而她就是你人生路上一次完美的助攻，如果没有她加上那些年的天时地利，你可能未必有今天的一切，所以每一个人都应该感谢在你走过的路上，那些曾经以爱情的名义陪过你的人，因为他们才是切实地想要和你一生一世的人，尽管后来分开了，但是这并不妨碍你们之前爱过。

张小蛋的爱情里，我觉得是因为他的女朋友组织了一次漂亮的反攻，才让他从一个默默无闻的傻小子一下子成了如今一家广告公司的创意总监。我们曾经也试图回想过，如果当时没有遇见，今天会是什么样子。张小蛋说："你不敢去想，你怕你再也不会遇见她，这样你的人生会显得多么的拖沓和无聊。"有些广告有些创意有些品牌，就是缺这么一个遇见的机会，遇见一个能懂得的人。星巴克 2003 年开始卖早餐三明治，这提高了店面销售额和利润，但有一天星巴克创始人舒尔茨发现三明治的味道掩盖了咖啡的浓香，他认为这背离了业务核心，于是不惜将现任 CEO 赶下台，自己重新掌权，并宣布在 2008 年年底于北美地区停卖三明治（占销售收入的 3%）。他知道他要给受众的不只是一杯咖啡，他的目的不是以钱为目的的创业，他是想烘托一种人与人之间的融洽氛围，如果三明治 + 咖啡这样的搭配持续下去，受众就不如去麦当劳来一个汉堡 + 咖啡了。当咖啡文化沦为口味 + 价格的竞争，星巴克就不再是星巴克了。

有些时候我们显得明智，是因为我们站在局外人的位置上，当有一天我们也陷入了爱情里就不会这样的善解人意了。回头想想我们所经历的每一段爱情，为什么到最后都成了过往？回头想想我们曾经为每一个品牌倾注的耐心，最后都被什么粉碎了？尽管我们不敢回头去想，因为这已经注定成伤，但是面对品牌的营销策略，我们又不得不拼命伪装自己的坚强去回头想，想的目的是在过去发现打动消费者的元素，想的目的是在未来的营销策略里避开那些已经犯过的错。

主持人@孟非 问："如果一个男生对你说，我的人生目标是三十五岁时做中国最优秀的主持人，你会怎样？"女嘉宾答："我会转身就走。"孟非因此罕见地发飙，怒斥女嘉宾太现实，非要看到房产证才能相信男人在奋斗，但随后便在微博为自己言辞激烈而致歉。

爱情如同股票，谁都不能断言你当年爱的那一股是潜力股还是垃圾股。有胆识遇见，可能无胆识持有，最后也只好放弃，所以，每一场这样的故事背后都略有心酸无奈。你不能保证所有人都会爱你如初，你不是人民币，即使人民币也会遭遇通货膨胀。现实，没什么不好，感性，没什么坏处，谁让你爱上了这个人。如果相互换位思考一下，想必你也喜欢在星巴克点一杯拿铁谈人生谈理想，而不是挤在破公交上摇摇晃晃讨论晚上吃点什么。生活需要现实，那就没有理由去试图说服别人支持你的意见，除非我们不再为了房子、车子、孩子四处奔波，所以当这些成为社会关键词的时候，就别清高了，清高不是现在该玩的游戏。

孟非是站在今天的位置上质疑女嘉宾的现实，如果退回到十年前二十年前呢？谁都有青涩的提不起的潦倒时代，谁都有不想说的青黄不接。如今站在今天的位置上，我宁愿去做我不喜欢的事情。

这就是生活。我今天的一切不过是伯乐发现了千里马而已，如若不然，我还是马厩里吃草吃草再吃草的马。这一路坎坷，我曾经试图丢掉梦想，然后捡起来，然后再丢掉，直到遇见了能懂我的人，能把我所谓的才华折现的人，这就是命运，取决于你遇见了谁。

所以我试图用遇见以后的日子，以后的每一天，来完成一场大爱。

能够感谢的人永远是离你最近的人，她伤害你埋怨你，无非是她愿意陪着你，否则，她已经离你而去了。别谈梦想别谈奋斗，只是扎实地去做每一步想要做的事情，无论喜欢与否，都会蜕变。当蜕去难看的茧，你才能发现你的翅膀原来那么美丽，而蜕变的疼，只能承受。就算今天莫言获得了诺贝尔文学奖，那又能怎样呢？谈及北京的大房子，他也得面对没有北京户口，700 多万人民币蜕变成 120 平房子的悲哀。人，不现实可以吗？

别站在你成功的巅峰去批判女人有多么现实！请退回二十年前，她最青春的年华里，你给过什么？别等到女人陪你蹉跎了青春，你还大言不惭地说女人现实，要房要车要这要那！要知道，男人 40 的时候是黄金时代，女人 40 的时候青春已然明日黄花，你能坚信她 20 岁的时候陪你一起度过 40 岁的成功，她能坚信你可以 40 岁的时候还能像 20 岁的时候那样爱她如初吗？你不是女人，既如此就别站在男人的位置上怪这怪那，你是男人，应该做的就是给房给车。恋爱婚姻没有房子就谈不上家，要不汉字“家”也不会有这个遮风挡雨的宝盖。谁都不想寄人篱下。

我庆幸的是，我遇见了一个可以让我为之奋斗的人，可以陪着我，用她最宝贵的青春。我庆幸的是，我一无所有的时候遇见了。命，应该如此，命，本该如此，命，但愿如此。如果你的身后有这样一个女人，无论她败家与否，你都应该庆幸，因为你终于离成功又近了一步。

面对品牌的营销策略，我们又不得不拼命伪装自己的坚强去回头想，想的目的是在过去的岁月发现打动消费者的元素，想的目的是在未来的营销策略里避开那些已经犯过的错。

打门

不见兔子不撒鹰，不撞南墙不回头

前女友小B说，“你就陪我喝一杯咖啡咋了，我还能吃了你！”是的，你不会吃我，我也不会吃你，但是，时光已经将我们的美好都吃掉了。再遇见，也许是一场劫难，我宁愿只是隔着两个手机的朋友。所以大多数时候，我的另一个分裂人格就会扮演一个乐观的悲观主义者，乐观的是我相信中500万大奖是可能的，因为报纸上经常有这种一夜暴富的梦想实现，悲观的是我相信永远不会落到我的头上，因为我从来不去购买这种梦想。小B说，“你要是不陪我，你信不信我把你当年写的情书都统统邮寄给你老婆！”

其实，我内心里是希望看到那些情书的，只是这么些年不见，不知道它们是不是压在箱底跟记忆一样尘封了。我甚至忘记了当年写的情书是什么样子，写了什么，为什么这么写。有没有用排比句？形容词出现最多的是什么？有没有语法错误？有没有错别字？当时应该也开始植入广告了，大概是两个人喜欢吃的果冻或者某某糖。一共写了多少封，通过哪个女生给小B的？你看，我都忘记了，真的忘记了，我爱的只是当年的那个人，而不是那些情书和那些传递情书的人。我笑着说，你可以选择到付。真的，我想看到，看到我那时的美好，那时我是一个怎样的人。

而我的好朋友葛二毛却是这样的一个人，因为《武则天》，开始喜欢上贾静雯。因为《奋斗》，开始喜欢为爱疯狂的米莱，进而是王珞丹。因为《爱情公寓 3》，开始喜欢上半路杀出来的诺澜，然后牵连扮演者刘萌萌。因为《北京青年》，开始喜欢上权筝，如今喜欢古装袭来的《新白发魔女传》，却不曾喜欢过《AA 制生活》里的娟儿。你看，他只是喜欢故事里的角色，当然离开故事，你甚至发现在他的身边，他没有喜欢过一个女的。

广告也就是这样，无论多内在，疯狂的时候我们还是喜欢漂亮的外包装，还有就是你说不清道不明的第一印象，就像你宁愿相信王小雅会比周梅漂亮一样，尽管这只是两个人名。你从未遇见，只是用过往的经验。纵然这么多年过去了，你仍然坚信你是对的，你的喜欢是对的。

这可能是我不能遇见的你，给我的答案。

我觉得这些年过去了，曾经疯狂地爱上的都开始变淡，看清了也看轻了。好像爱好也突然间变得少了，电脑里基本上没有了任何的游戏，甚至没有连连看这样的小游戏。广告图片开始变多，文案 Word、PDF、PPT 开始变多，生活和工作开始分不清界限。好多好多事情开始处理得简单，好多好多的朋友关系开始变得简单。曾经可以为了看一次日出、赶退潮去捡贝壳海星而凌晨 4 点多就起床，而如今，凌晨4点多只是在加班、赶文案做创意，再也没有了那种年少轻狂的热情了。

当人生到了一定的界限，就会满足于现状而开始出现不良的生长，不敢回头想，怕一想就开始失落。很多东西都在日益的成长中变得虚无缥缈，然后消失，如同联系的工具越多，朋友间的关系就开始变得越轻了一般。QQ、微博、人人网、微信、短信、电话、MSN，可遇见的时候越来越少了。他结婚了，甚至来不及通知你，她结婚了，甚至不知道给你的请柬邮寄到哪一个城市。这一段青春的时光显得很仓皇，然后大家伙就四散了，说好的聚一聚，只成了一个话题的开场白。

还能怎样，就这样吧！这样也挺好，只好赶在照片里赶在记忆里匆匆地见一面。一个时代的人很快就会覆盖另一个时代的人，但凡能到的地方，都不远，有车票机票就可以，只有现实才是最遥远的距离，因为现实，说好的想法就永远是想法，最后就只能让很多人都没法，然后就只能滞后吧！这是多么悲凉的结局。

这样的状态需要一次让情感卷土重来的激情，你必须让前浪死在沙滩上，否则在历史的长河里你就会变成前浪，这是有关生物进化的达尔文定律。无论是在爱情里迷失还是企业品牌的迷失，都需要这样一次强有力的迸发，这种迸发就好比你断下了对手的球，成功地挽救了一次球门前的危机，然而接下来你要淡定。你有两种选择，一是将球传给离你最近的最安全的队友，二是将球踢给守门员，但前提一定要力道温和，一脚来一个乌龙就得不偿失了。但是这两种选择的重点都一样，那就是速度的反击，打一个对手来不及回收的防线，左右进攻看具体情况，这一次一定要严防边角进攻路线，所有队友把控有利的接球点，一路小跑到禁区。遇到合适的机会千万别犹豫，立马抬脚走球，爆发一记有利的抽射，能打死角打死角，打不了死角就玩一个假动作。这一点上，互联网公司的竞争、腾讯的微信就玩得很好，当所有门户布局微博的时候，腾讯明修微博暗渡微信，当张朝阳即使用大 S 汪小菲的婚礼都挽不回败局的时候，微信却已经悄悄地开始消耗网民的手机流量了。

互联网公司产品拼的就是一个布局快，你看，如今新浪抢到了微博，腾讯抢到了微信，即使网易一直在推最有态度的微博那又能怎样呢？大势已去。年少时候的爱情只能证明大家曾经爱过，到最后你不得不抹掉眼泪重新来过，人生天天洗牌，就算你这次抓不到一手好牌也无所谓，总有一个人会帮助你把一手烂牌玩得团团转，关键是你是否能再次遇见那个帮你的人。

广告就是这样，无论多内在，疯狂的时候我们还是喜欢漂亮的外包装，还有就是你说不清道不明的第一印象，就像你宁愿相信王小雅会比周梅漂亮一样，尽管这只不过是两个人名而已。

田忌还有一匹黑马

齐国的大将田忌很喜欢赛马，有一回，他和齐威王约定要进行一场比赛。他们商量好，把各自的马分成上中下三等，比赛的时候要上马对上马，中马对中马，下马对下马。由于齐威王每个等级的马都比田忌的马强一些，所以田忌最终失败了。这种竞争在品牌营销领域里基本上等同于自杀式竞争，也就是明知山有虎偏要去送死的营销模式。但是如果你有一个非常厉害的军师，那就未必了。你看，武松就是一个个案，他的军师则是三碗好酒。

田忌表面上在赛马，但是他的背后还有一匹黑马，那就是孙膑。孙膑只是稍微一支招，整个局势立马就不同了，也就好比麦迪时刻35秒直接神附体，立马就来了一个绝杀，好比AC米兰在伤停补时哨声起音刚起就来了一记大抽射，用一个哨声尾音的时间绝杀皇家马德里。

在齐威王的规则里面，上对上下对下鱼对鱼虾对虾乌龟对王八，而田忌的世界观里也是遵循这一种守则的，所以田忌只能一直败，但是作为一个局外人的孙膑不同，与其在别人的规则里找死，不如在自己的规则里享受美好时刻。所以孙膑重新给田忌创造了规则，一个对田忌更有利的规则，于是王八对鱼，鱼对虾，虾对乌龟，于是赢只是时间的问题。

通常在品牌商战里面，作为企业品牌相当于局内人，认准了一种规则，没有新鲜的突破，只能跟着行业大军走，所以总是大哥吃肉小弟喝汤。而营销人是站在局外的孙膑，所以他会更有机会去帮助企业创造一个新的规则。从田忌赛马中我们不难发现，创造一个新的规则空间很有必要，所以通常我们会看到饮料市场里隔一段时间就会出现同一个公司的一种新饮品上市，他们是为了取代既有饮品的市场吗？显然不是，他们是在构建新的竞品，构建消费者新的口味识别系统。

孙膑等于帮助田忌重新构建了一个世界、构架一套全新的品牌 USP，在这个世界田忌就是王者，所以他会赢得轻松。为什么？我们不妨站在品牌营销的思路上从五个角度剖析一下田忌会赢的原因。

a．没有永远的劣势，只有永远的不懂破势

世上不是没有千里马，也不是缺少伯乐，而是缺少千里马与伯乐遇见的机会。每一个产品但凡能够摆上货架，则既存之则安之，必然就会有它的消费者。但是最后这个产品很有可能会轻而易举地离开我们的生活圈子，这是为什么？是因为没有挖掘消费者的真实需求吗？是因为经过市场的检验被淘汰了吗？

很显然，一个产品的颓败纵然原因千万种，但只有一种最致命，那就是连产品商都不知道他到底在供应一种什么产品，随着市场走，随着自己的感觉走。田忌屡败的原因就在于此，因为齐威王说“上对上，下对下，中对中”。他不思考说我为什么不换一种方式试试呢？一种产品没有永远的劣势，它即使很小众，就像文艺电影，一旦上了院线总归还是会有票房的，很多影片国内不香国外开花的数不胜数。

品牌需要破势的思维去为自己的产品赢得优势，只要懂了破势的玄妙，自然就会发现一片新的世外桃源。

b．取舍之道必将存乎于输赢之道

人这一生最大的痛苦就在于看不开放不下舍不得，太贪恋赢的感觉，也因为太想赢而导致行事匆匆惹下太多的后悔。田忌赛马次次输，屡败屡战，却终究不得果，只因为其未懂得其中的奥妙规则，那就是三局两胜制，田忌的人生概念肯定要次次赢，就是如此才适得其反，而孙膑悟得其中的玄妙，以舍为攻，攻人上心。但是如果规则是以计时为基准的比赛，综合三局的时间来评估的话，田忌肯定也是输，而若只是比拼每一局的前后为输赢，对于田忌来说就有了新的规则空间。

敢舍的人并不是惠及他人，没有什么伟大，只是为了给自己创造更多的其他机会而已。所以田忌看似舍掉了一局的胜利，但实际上他却为自己赚得了更多赢的机会。

c．以己之长矛攻敌之软肋

软柿子好捏的道理很多人都懂。但是一旦到了实战中，人就开始变得不冷静，就不知道哪一颗是软柿子。田忌赛马之前的比拼是硬碰硬，拿自己最优秀的马对抗齐威王最优秀的马，在明知道最优秀的马不敌的时候还是采用这种策略，这就是自取其辱。

而孙膑的建议是拿上等马对齐威王的中等马，中等马对齐威王的下等马，这明摆着就是欺负人的策略，但也只有这种策略才能发挥田忌马的优势。通常的品牌商战里面，大家都是在用自己的铁拳头产品去开疆辟壤，就像说如果没有微博的崛起，新浪如今是否能风生水起水涨船高？腾讯如果当年没有崛起 QQ 这个 IM 工具，是否会有现在腾讯一系列的延伸产品？

d．谋事在前成事在后

搞不清青红皂白就猛出狠招绝招的打法，基本上属于自我消耗体力状态。田忌的每一次输都是按照对手齐威王的意思来决赛，并没有考虑到自己的优势在哪里，而孙膑的出现是综合研究了田忌的打法从而规划出新的打法。

假设田忌的上等马和齐威王的上等马比差距太多，甚至跟其中等马不相上下的话，孙膑断然不会去冒险让田忌再赛一场的。关键每一次实战是很有必要的，细节决定了很多成功的关键。

e．当局者迷旁观者清

佛说：跳出红尘外，不在五行中。田忌每一次赛马都是这样玩，都是一样的结果：输。他已经习惯了这种思维，习惯了这种结果，这是惯性思维的可怕。而孙膑站在外人的角色上，他只看不赛，其实是最能将整个局面收于眼底的人，他拥有充分思考和对比的时间。而田忌一直在赛场上，他的思维在于如何驾驭马匹，如何利用最好的技巧去让马跑得更快。这两种不同的思维注定了两种不同的结局。

f．隐藏自己是最好的防守

田忌三匹马的实力实际上都是贴有标签的，因而在齐威王的眼里是透明的，因而上对上下对下的策略基本上对齐威王来说百发百中。田忌过多过早地暴露自己纵然已失先机，只能被动挨打，而孙膑的策略是去掉标签，重新规划马的实力。

在失去标签以后的赛马氛围里，齐威王首先是来不及反应的，他从来没有输过，他的策略也从来没有输过，这样他的套路和马匹的出场次序肯定是在孙膑预料范围内的，当对手的一切对于你来说是透明的时候，你就有了更好的先机去设下新的规则，在自己的规则里如果都不能赢，那么就只能证明你设置的规则并不适合你，这样你还是放弃回家洗洗睡吧！

在未见孙膑以前，齐威王以为自己是赢的，永远胜利的，但是最后孙膑让田忌试一试新的规则，而在这新的规则里，齐威王显然被秒杀了。品牌的竞争永远没有永远，切记永远不要得意太早，伤停补时阶段任何人都有逆袭的机会。

一个产品的颓败纵然原因千万种，但只有一种最致命，那就是连产品商都不知道他到底在供应一种什么产品，只是随着市场走，随着自己的感觉走。品牌需要破势的思维去为自己的产品赢得优势，只要懂了破势的玄妙，自然就会发现一片新的世外桃源。

04

多少字可以改变世界

•用什么方式去夸•

Big idea，一个多么令营销人痴迷的关键词，很可惜这个关键词并不是时常闪现在我们的脑海里，而是像口号一样经常挂在嘴边。挂在嘴边的东西，上嘴唇与下嘴唇的产物，靠谱的时候就少。

年少轻狂追姑娘的时代，我们甚至可以愣头青式的拎起地上的板砖就去追姑娘：姑娘，你掉东西了。

创意并不是广告的唯一活路

Big idea，一个多么令营销人痴迷的关键词，很可惜这个关键词并不是时常闪现在我们的脑海里，而是像口号一样经常挂在嘴边。挂在嘴边的东西，上嘴唇与下嘴唇的产物，靠谱的时候就少。

广告公司天天大喊着的“创意创意”基本上就等同于有些人每天念诵的“阿弥陀佛”，最终实体的意义是什么不知道，但是每天都会去喊，似乎这样的喊叫会给自己的内心增加一种潜力值或者自信心。

以纸媒为例，《德国金融时报》、《法兰克福评论报》、《纽伦堡晚报》等德国纸媒巨头，已经相继在过去几个月间倒下，而《新闻周刊》的死则让人们更深切地意识到，纸媒的死亡速度正越发加快！尽管我们坚信每天都会有 Big idea，但是纸媒的死确实跟这个时代相关，当然归结起幕后的终结者并不是新媒体的出现，也不是传统纸媒的广告量在越来越少，而是国情所决定的。

在中国，媒体是政府的喉舌，政府不会选择放弃自己的喉舌，所以在中国纸媒基本上死的可能性太低了。而且在中国，传统的媒体历史是一种信赖感的标签，生活在这个城市的人需要通过每天一份早报晚报了解这座城市的故事。所以我们更有理由相信，纸媒不会死，它只是暂时有点憋屈而已，因为新媒体的出现确实给传统纸媒带来了冲击，但这并不意味着纸媒的死掉，就像有的人早餐喜欢吃豆浆油条有的人喜欢汉堡一样，一座城市有千万人就有千万种口味。

当前纸媒需要蜕变，它们试图微博化微信化，虽然有些做得有点力不从心，但是这并不影响它于本地的影响力，因为这是一个城市积累了几十年的习惯，不是那么轻而易举会被割舍掉的，而且纸媒不是依靠订阅量来维持周转实现盈利的，纸媒是需要大客户广告的。订阅量对于纸媒来说只不过是增加广告价值的一个核心砝码而已。

对于广告来说，创意并不是唯一一条活路，创意只是辅助广告更深入更有趣或者满足其他展现而已。没有了创意，广告依然会存在，没有了创意，广告依然会活着，所以广告并不是依附于创意而存活的。你想想报纸上那些招人烦招人厌的广告，它们有创意吗？你想想家门口电线杆上各种的贴条，它们还有创意吗？你想想那些破旧的楼道里被贴的糊墙般的广告，它们有创意吗？但是你能否认它们没有效果吗？没人敢否认。

所以传统媒体这种正规的广告形式更不会死，而广告公司喊出来的“创意创意”实际上也只是激励自己而已，就是这么简单。那么这么说是不是表示创意就没有意义了？当然不是，我们回归到创意本身的价值上来说，创意的目的是发挥其广告的最大价值。我们不否认野广告的效果，但是那些毕竟不适合企业品牌长期的塑造，品牌长期塑造是需要树立良性口碑的，而此时才是创意价值发挥的时刻。

同样一个硬广告，就是告诉你吃什么好喝什么好。投放在户外媒体站牌上，它就是一个户外广告，它扮演的角色就是站好每一个合同周期内的岗，无论风吹日晒雨打，它都坚挺地站在那里，不离不弃。而富含创意的广告同样是站在那里，但是它的名声可以散播，它会说话，甚至吸引媒体为你的品牌说话，这就是创意的核心价值。比如凡客，如果以硬广的形式投放在公交站牌就是几件衣服一个价格的展现，只会孤零零地熬到下一个投放期，而利用明星韩寒、王珞丹以后，这个广告立马就活灵活现了，它会说话了，而且说得还很好，触动了消费者的内心，那么消费者就没有理由不帮你传播，于是“凡客体”就这样走红了。原本商家只不过花了几万块钱买了几个站牌而已，而如今铺到了互联网省去了上百万的广告费。

所以决策和定位创意是一件很重要的事情，一个很有钱的企业家包养了一个二奶，想要分手，姑娘要百万分手费，这是最正常的拿青春换钱的模式。于是有人给企业家出了一个主意，继续和姑娘交往，然后给姑娘报一个 EMBA 班，姑娘上了一阵 EMBA 后爱上了另一个更具实力的企业家，为了封口，她给了前任企业家百万的封口费。这一点上证明了两点：广告推介一定要对准人，创意一定要将

surprise 用在刀刃上，当然最主要的核心是证明了喜新厌旧是人的本性。

传统媒体这种正规的广告形式不会死掉，创意并不是广告唯一的生路。创意的目的是发挥广告的最大价值，我们不否认野广告的效果，但那毕竟不适合企业品牌长期的塑造，长期塑造是需要树立良性口碑的，此时才是创意价值发挥的时刻。

新媒体广告的特点

喜新厌旧是每个人的心理对白

没有一个人骨子里是讨厌喜新厌旧这种心理状态的，只不过我们比较善于伪装而已。如果一个人拼命强调自己就是一个专一的人，不喜新厌旧，那么结果只有两种：要么是从古代穿越过来的，要么就是不思进取保守的人。如果坚持说自己不是喜新厌旧的人，那么我们很难想象一个人十年如一日地按照一个套路去生活该是怎样的。拿一个简单的话题来说，你现在还在穿十年前的那件衣服吗？我们相信你的女朋友还是三年前的那一个，我们相信你的手机是五年前买的，但是打死我们都不相信你穿的衣服还是十年前的那件衬衫。也许你会说，人是在长大的嘛，十年前的衣服肯定小了没法穿了。

你看，喜新厌旧的时候，人总是可以找到各种理由来搪塞的。就像我们相信 EMBA 的课程里是有教红烧肉的做法的，否则王石如何和田姑娘半瓶老抽炖一碗舌尖上的红烧肉？我们依然相信这是爱情，但是这确实仍是喜新厌旧的理由。当一个人不停地为自己辩解的时候，他的内心实际上是在想如何把一个谎圆得更漂亮。就像对于一个女人来说，当你的丈夫跟哥们一起吹牛的时候，你不应该拆台，而应该帮你丈夫把这个牛吹得更清新脱俗，这就是生活的哲学。

传统广告不死，新媒体又来势汹汹，营销人注定将是“家里红旗不倒家外彩旗飘飘”的人。因为作为一个营销人，他们留恋传统广告带来的信赖感，也留恋新媒体带来的互动感、趣味感。尽管如此，营销人在实际生活中却不一定是这样玩转感情的人，了解营销行业的人都懂得，营销人的生活里每个星期总有那么 7 天是离不开甲方各种稀奇古怪的纠缠的，熬夜加班几乎是每周的必选项目，尽管如此营销人还是被犀利的创意所诱惑，前赴后继地投入到广告事业里，即便被折磨得快要疯癫却依然微笑着说：“甲方虐我千百遍，我待甲方如初恋。”

新媒体的出现更是让营销人连植树节这样的日子都战斗在一线的微市场上，微博、微信，我们的生活终于像是中了八卦掌，被拍得支离破碎，甚至到了每个晚上不刷几条微博你都不好意思睡觉的地步，究竟新媒体有什么传奇的力量让营销人迷恋得如此疯狂?

a. 体验性

新媒体提供了最有意思的体验，无论是通过微博还是 App，且可获取的即时性资讯越来越多了。这种体验是前所未有的，当然与智能手机的普及有着很大的关系，因为很大程度上 200 块钱砸核桃的诺基亚手机是不能参与到这种极品的体验里面的，这类群体对于移动互联网时代只能对着双色的屏幕“内牛”成一碗兰州拉面。

b. 沟通性

沟通的便利性确实是新媒体营销的一个核心点，也是社交媒体的一个主旋律。你看新浪押宝微博腾讯押宝微信然后各自占山为王。腾讯为什么不抢占微博而是暗渡微信呢？你想想腾讯靠什么起家的就应该明白一点其中的内涵。QQ 的沟通原理是基于加密，而微博是敞开式的，这显然有悖其大战略，而微信又回归到了加密，这才是它们的主旋律，尽管大家都在喊着互联网要开放，可是真正敢开放的又是谁？喊喊口号大家听听就行了，如果太当真太认真，你就傻了。

c. 差异性

传统媒体与新媒体的差异性太多了。传统的媒体比如户外广告，你对它喊一声“你好”就会被别人误以为你的精神有问题，而在新媒体的渠道你对着很多广告渠道喊一声你好，瞬间就会得到“你好……你好……你好……好……好……好”这种自带回音式的答复，新媒体时代你遇见的是另一个电脑前活生生的人，而传统媒体层面你只能对着广告自言自语。媒体第一时代是强制推介，而媒体第二时代是互动聊天，这就是差异。

d. 创造性

新媒体下已经创造了多少你觉得不可思议的广告了，指头显然已经不够用了。你每天会陷入各种新奇的广告里，你以为你躲过了，而实际上只不过你中的箭是丘比特射出来的，带着微微的麻醉，这让你甚至感觉不到丝丝的疼痛，反而觉得连周围的空气都变得性感了。新媒体的形式太多：文字、图片、视频、音频，它把传统媒体的各种单一融合了，因此这种混搭后的犀利激发了我们更有意思的创造。

e. 关联性

户外广告上留一个电话，电视里字幕上留一个网站，这种基础的关联显然不是新媒体最核心的爆发。新媒体要的关联更深层次，更有趣，它们通过各种营销策略的渗透，让你的记忆自动关联，等下一次它们再打出有意思的广告，你会想都不带想就觉得，这肯定是谁家那小谁，他们家就喜欢玩这种广告。传统的被动关联在新媒体时代更鲜活，更让受众觉得有人情味。无论你通过哪种渠道总能找到产品服务商的客服，他们时刻等待着消费者的各种“骚扰”“调情”，这就是新媒体的用户体验。

无论是微博还是 App，新媒体总在提供更有意思的体验；沟通的便利性是新媒体营销的一个核心点，也是社交媒体的主旋律；媒体第一时代是强制推介，媒体第二时代是互动聊天，这就是差异；新媒体的形式太多，混搭后的犀利激发了更有意思的创造。

广告插播电视剧带来的小清新

没有人愿意看广告，只是我们因为各种情况不得不被强迫看而已。我和你们没有什么不同，只不过把你们拿来看电视剧的时间用在了上厕所思考人生上，我习惯了看广告是因为我从事的职业是广告行业。

随着时代的不停变迁，广告的形式也变得多样化，我们的生活也变得更广告化，因为你逃不掉，能逃得掉的人都已经躺下了。尽管我们不知道，尽管我们每天有自己的生活，但是我们作为一个群体仍旧被广告公司整天惦记着，他们整天在研究我们的心理，我们被他们称之为消费者、受众等等。他们每天挖空心思研究我们喜欢的广告，然后通过各种渠道将目的以广告的模式让我们“躺枪”。

广告的目的就是试图让它与你的各种三观（人生观、价值观、世界观）产生交集，让你有爱上它的冲动，否则广告就失去了它的意义。现在的时代已经不是“广而告之”的时代了，而是一个绝对建立在互动基础上的时代，产生不了共鸣的广告基本马上就会陷入互联网的海量信息里。因为当受众不得不去看广告的时候，至少他还有选择去看哪一些广告的权利，他有权利让那些没有意义的广告在他的世界里去死。去死的意义很直接很明显，意味着你的产品在他的心智资源里彻底被 Delete 了。

我们不希望这种悲剧的发生，所以我们就不得不站在受众的角度上去做广告，做他们爱看的广告。对于这一点又有人开始疑惑了，开头不是说没有人喜欢看广告吗？对的，广告也需要包装，我们换一个角度让消费者接受广告并喜欢广告，这才是我们的目的，我们不做广告，我们做的是消费者的感觉，消费者的故事。很多时候我们不相信感动会产生爱情，譬如 2012 年 11 月，华中科技大学文华学院工程管理专业大四男生王文瑾，向他心仪的女生送出了一封他用 212 天时间写的 16 万字的情书。女孩十分感动，然后拒绝了他。这样的故事实在太悲催了，但其实在我们的现实里，感动是可以产生爱情的，回头想想你的生命里遇见的那些恋爱中的男孩子女孩子有多少是被感动成就感情的，有多少是“十动然拒”的，很显然“十动然拒”这种小概率事件并不能阻止我们相信感动爱情。你看看互联网上 100 个求婚的视频里，是不是有 90 个被感动得鼻涕就像哗啦啦的黄河水。

所以站在营销的角度上，这种小概率事件我们甚至可以高傲地说“销售就要有所为有所不为”，你不感动就不是我的受众而已，就这么简单。所以益达用三年告诉你一个分分离离的爱情故事，你会傻乎乎地等结局，想着最后到底怎么了？彭于晏爱上了桂纶镁，有木有？而到最后，“益达，要两颗一起吃才好吃”，由桂纶镁和彭于晏主演的微电影《酸甜苦辣》大结局了，在 beyond 的《情人》歌声中，两位主角终于走在了一起。

“益达，要两颗一起吃才好吃”，这种蒙太奇告诉你两个人最后牵手一起了，多美好的结局！多皆大欢喜的结局！蒙太奇蒙得太好了，最主要的是对于广告商来说蒙了观众，而销量却直线上升，你看，原先你一颗颗地吃，现在两颗一起吃，是不是益达下一版的《酸甜苦辣》会发生在一个四世同堂的家庭里，又折腾一个三年的故事，到最后皆大欢喜的时候再来一个蒙太奇，“益达，要一瓶一起吃才好吃”呢？多符合中国传统的家庭观念和和美美一起的愿望啊！

很多人没有躲过这个广告的侵袭，我们为结局等待过忧虑过发愁过，我们深陷其中的情节，而实际上益达的故事发生在我们每一个人的身边，我们用看电视剧的心情看了一个长长的广告，多小清新的广告。

广告的目的就是试图让它与你的各种三观（人生观、价值观、世界观）产生交集，让你有爱上它的冲动，否则广告就失去了它的意义。

社交媒体透着一股"炫耀劲"

玩微博玩微信玩社交网络，你不自拍一些小资的照片晒晒，你都不好意思跟人家聊天。你新买了一件漂亮的小裙子，你不穿上拍照上传微博简直就是对裙子最大的不尊重。你吃了一桌太小资以至于舌尖上还在颤抖着久久不散香气的美食，你不拍一张照片传到微博简直是对食物的最大的诬蔑。

这个时代，是喜欢自拍的一群人、爱分享的一群人推动的社交媒体发展的时代，这部分人有着目前最持久的一种人类内心心态折射——爱"炫耀"，这类人会存在于各种时代，只要他们一直存在社交就不会消失，而现在的网络社交实际上是现实社交的一种网络化，将人际关系从现实搬到了互联网而已。

有人的地方就有江湖，有江湖的地方就从来不缺少新闻。有人的地方就有广告，这是广告的江湖。所以社交媒体作为目前最耗费人类碎片化时间的一种渠道必然是商家广告云集的地方，因为没有人傻到会在荒山野岭打一个 5m×2m 的广告，除非这是一个特让人充满好奇心的事件营销，否则打在深山老林的广告难道是给猴子看，为了促进猴子的二度进化吗?

当今天智能手机开始普及化，就无法让我们回到旧去的那个取暖基本靠抖通信基本靠吼的时代了。而且随着企业对新媒体了解的加深，其投入到新媒体的广告费用也将会逐渐增加，这是必然的趋势，因为广告是做给人看的，而不是打在自己家里当壁画瞻仰的。

新媒体广告如若想火，并不是按部就班执行一些营销理论就会达到目的的，因为在新媒体营销的群体里面有一帮最难控制的人，他们的喜好经得起重口味耐得住小清新，你的广告策略一旦偏离就招致骂名，偷鸡不成反倒蚀把米，所以新媒体广告的策略必然要把控以下四点，就算不能一下子出众，至少可以积累一点人气话题。

a. 幽默

幽默对于一个品牌的塑造是一条很有意思的捷径，它可以通过最接地气的方式拉近与消费者之间的关系。如同销售法则经常提到的：卖的不是产品是人，是你这个人的为人，你的为人很大程度上决定了这一笔生意的做与不做。年少轻狂追姑娘的时代，我们甚至可以愣头青式地拎起地上的板砖就去追姑娘：姑娘，你掉东西了。为了搭讪我们至少设计了 101 个场景 1001 种对白。所以，当品牌适时地放下严肃的面孔跟消费者开个玩笑，他们会觉得原来你是这么的有趣，当然前提是这个玩笑是善意的，且最好是选择 4 月 1 日，就像几乎每年这一天谷歌都会发布一个有意思的消息。

b. 诚实

诚实显然是我们生活的这个时代最奢侈的东西了。皮鞋酸奶胶囊傻傻分不清楚，广告口口声声做放心药良心药，各种“字母快餐”逆天的速生鸡，各种地沟挑战中国化学生产力，为什么中国有着这么厉害的杀伤性5颗星的化学天赋却还是不能捧回一个诺贝尔化学奖呢？这个奖评得不科学啊！

新媒体时代，企业如果放弃这种最后的尊严，陷入流氓式的赚钱大军里，那总有一天会付出代价的，人在做天在看，出来混迟早是要还的，就算武功再高那又能怎样，消费者照样还是能一砖将其撂倒。

c.有趣

问一个问题：作为企业品牌社会化媒体运营的人员，你的各种账号是人工维护还是已经沦为软件的傀儡了？如果此时你的脸部有着微微的颤抖，开始人面桃花相映红，就别试着狡辩什么时间太短，维护太多，忙不过来，创意太少。这些问题在社会化媒体营销面前不是拦路虎而是纸老虎， 社会化媒体营销要求的结果不是多而广而是小而美小而精，只有一个小而精成功了这才是对消费者对品牌营销最好的交代，如果一味的各种账号，人人网开心网天涯猫扑新浪微博腾讯微博新浪博客腾讯空间，利用这些渠道只是搞一些面子工程，又有什么意义呢？

就算是Siri，消费者也有厌倦的一天。为什么人与人之间的朋友关系可以长期维护？就是因为人不是按常理出牌的，而机器是按照套路运作的。企业品牌的社会化媒体营销一定是要有趣的内容营销，你看，北京大雨杜蕾斯君就摇身一变成雨鞋君。千万不要试图图一个省劲，各种定时软件用得呱呱转，多想一个有趣的创意比定时来一个十二生肖轮回都给力。

d. 助人

助人，理论上来说是一种美德，但是这种美德被经常溜达马路的老太太毁掉了。老太太果然是神级人物，每一个办公室也有这么一个老太太，当她很偶然地经过你的身边的时候，她会低声提醒说："这个 logo 要大一字号，采用方正正大黑简体。"老太太现在显然是道德标准的一个考量指标，但是却导致很多人不敢拿自己的钱包与道德较劲来扶一个跌倒的老太太。

而新媒体时代就是这个样子了，随手转好人一生平安，但是不盲目地转，当你验证了消息的真实性你就可以伸出援助之手，我们曾经服务一家医院，就做了一次助人的事件营销。某电视台的微博发布了一个求助的微博，一个小孩子得了一种怪病影响睡眠，而我们服务的这一家医院刚好是治疗睡眠呼吸障碍的专科医院，这是一次利人利己的事件，于是免费治疗就被提上了日程，手术很成功，而刚好又适逢这个小朋友的 4 岁生日，于是我们微博收集祝福陪小朋友过生日，坚信这是他最后一次在医院过生日，于此我们得到了一种比广告更好的效应，那就是暖心。

社交媒体作为目前最耗费人类碎片化时间的一种渠道，必然是商家广告云集的地方。这里面有着一帮最难控制的人，他们的喜好经得起重口味耐得住小清新，你的广告策略一旦偏离就会招致骂名，偷鸡不成反倒蚀把米。

140字掘金，试试你的心跳指数

你还记得上一次心动是什么时候吗？因为什么事，你突然觉得你的心跳加速了？当然我所说的这种感觉并不是看恐怖片的那种所谓的心跳加速，而是一种来自于身心的、愉悦的感觉。

当你生活中的每天都离不开一种微社交的时候,这就证明你“中毒”已深了。微博营销的概念到底火成什么样子？看看微博上那些僵尸粉的疯狂行为你就应该知道了！这种通常意义上的微博营销概念因为浮躁和浮夸的社会化媒体动态，从而导致了大量企业在追求粉丝数和转发评论数，以为这样的疯狂是对品牌的一种追捧，很显然这是一种极端的营销理念。

隔壁的老王在西单摆摊卖煎饼果子，大学同学王大宝在华强北倒卖二手数码产品，刘老师下海经商卖房子，小学同桌搞起了凯迪拉克的华南区总代理，恰好他们都开了微博。那么所谓的转化率如果纠结在粉丝、转发、评论上，那就好比一场豪门盛宴非要整两个火烧一串烤肠。

每个人的喜好和经历不同，所以 Jeep 告诉大众：用你的经历定义自己。所以巴神的世界你永远不懂，你也永远不知道你的下一个粉丝是不是在思考人生，因此精准营销必然是微博营销的王道，尤其是微博营销号疯狂的时代，想要抢到第一波口碑受众，那就需要对你传播的内容多花一点心思。

我们依据实战技巧发现了目前微博营销最易突围的点，其实可以总结为四点，只要把握好这四点也可以挖掘到品牌的另类识别度，一旦节奏把控到位，就可以瞬间从同类中突围形成自己的一种微博风格。

第一：微博节日营销

节日营销已经成为商家小突围的窗口，打感情牌就走母亲节父亲节中秋节，打青春牌就走情人节光棍节 520 节，打娱乐牌就走愚人节圣诞节万圣节，只要你能通过节日挖掘一个小心思不错的创意，就可以找到同感的受众，他们的围观也就开启了你的传播之旅。创意不在于花里胡哨而在于有可执行力，当然我们也可以找类似的创意去包装，比如餐饮行业常玩的亲吻营销，而珠宝钻石行业最经典的当属国外的一个天气营销。

我们曾经利用五一话题点包装《今年五一，你回家吗？》，利用母亲节强势塑造催泪点《幸福最养眼》，让六一儿童节找回你的童心，同时利用产品的特点化解成为：你生命中总有一个朋友名字中含有 Yan Jing KeLe（@眼睛渴了），七夕情人节利用线下活动开启了史上最萌求婚，一举吸引了二十几家电视台报道，《华尔街日报》《洛杉矶时报》纷纷中招。

节日营销商家必争的点我们通常采用反其道而行，因为一般强势商家会采用媒体购买，抢占所有流量制高点，比如今年母亲节宝洁甚至购买了百度首页包时广告。想要突围在一定创意的基础上已经不够，于是我们加紧炮制了互动活动，同时利用视频《给妈妈的33个承诺》抢占流量入口，短短三天就吸引微博近3万人次参与向妈妈承诺，塑造了红极一时的“承诺体”。

第二：微博事件营销

微博的出现让新闻的力度更强爆发力更强。无论是杜蕾斯抢占的话题营销“这个点不睡的人都怀孕”还是杜甫包拯很忙和那个喜欢送贺卡的四惠大爷，无论是挑战人们情感底线的“鲁若晴”事件、“作业本消失”，还是强势热门的欧洲杯竞猜，只要你找到可以利用的点都会轻而易举引爆话题。

微博事件一般两种方式最有效，一是实时监控来自微博的各种话题，寻找最佳的绑定点。就像我们推介宝宝拍拍（一款为宝宝拍照的手机应用）的时候，挖掘到的话题监控是某明星丢失手机很遗憾，因手机保存了大量女儿的宝贵照片，于是我们感性切入产品信息。第二种就是制造话题，我们选择商家必争之力较低的七夕情人节，用线下引爆网络，将产品形象塑造成整个求婚的主题背景，一举将产品形象打通市场连接，成为产品与受众的最佳桥梁。

第三：微博活动营销

一提及活动，不送点东西就显得太对不起大众，但是送什么好呢？ iPhone4S 还是 iPad2、the New iPad 呢？这些基本上已经告别了最佳影响力范畴，基本上最后都是转发专业户的囊中之物，那么具体营销效果好不好？反正转发评论数据很好看。

从 2010 年我们首波营销采用送的模式，两天影响近万人，活动期间 @HR 伴侣官方微博 增加近 5000 粉丝，后来掉粉率基本上在 10% 左右，当然大部分拿到活动奖品的受众都开始关注我们的新品推介，比如后来的职微博。2011 年我们利用拜年抢占话题成功塑造了“眼睛渴了体”，活动期间参与拜年的网友超一万。利用表白的话题模式成功将某楼盘的试住推向情感爆发点，利用 @TA 表白拉动了与受众的互动交流。

如今的活动单纯地依靠奖品已经弱爆了，如何抢占明星的资源也是一个突破口。@edc 陈冠希 在微博上发布一张“眼睛渴了”的产品图片，只留下短短两个字：好吃。一夜之间引 2000 多网友好奇。我们同步推出了吃货接力活动，成功地营销了“眼睛渴了”时尚的特色。@ 何润东在“眼睛渴了”的产品形象“贝它胡萝卜哥”签名引爆了整个粉丝圈。此时活动已经不单纯只是奖品的刺激，更是一种感性的互动了。

第四：微博内容营销

你的产品在哪里卖最好，是西单地摊还是华强北市场？如果你不清楚这些，那么趁早放弃微博营销吧！微博营销阵地目前来说还不是转化率最高的地方，如果单纯地想要曝光率、活动参与之类的倒可以尝试。微博更适合口碑的塑造引导、品牌识别度和知名度的短期塑造，当然不同的产品类型收效也不同，《失恋 33 天》就是利用微博阵地突出重围成为票房黑马。

微博是一个长期维护的阵地，你的受众喜欢什么，是屌丝还是高富帅？如果你不懂 TA 想要什么信息资讯，可能你只能沦为一个时光机的产物。你只有站在用户的角度上提供微博信息，才能真正打动受众的某个感情点。

@ 楚汉微电影 拍摄期间，我们与主演及其粉丝进行强烈的互动，同时利用楚汉传奇的超强影响力，利用内容营销段子与 @ 何润东 @ 秦岚的粉丝形成了感性互动，当然 8 月份以后又将是一次强势的推介。即使像对 @ 宝宝拍拍这样的手机应用，我们也是同步营销了很多母婴类的妈妈微博博主，每一个人都是圈子的引爆点，一旦点燃，后果可控基本上就是一场很 Happy 的狂欢。

今天我们站在微博营销的领域，随着实名制的推进，创意、内容、你对受众动用了多少心思最后都会标榜出你获得的价值。在企业微博硬指标维护的前提下，多想想你是刷 100 万的僵尸粉自娱自乐，还是要用内容营销塑造 1000 人大 V 号关注改变这个世界？

无论是企业还是个人，真正的微营销都是一种品牌影响力的塑造过程，一口吃成一个胖子并不一定是最佳的健康状态，要寻找到合适的话题点，慢慢积累你的影响力，该爆发的终究会到来。

微博是一个长期维护的阵地，你的受众喜欢什么，是屌丝还是高富帅？如果你不懂 TA 想要什么信息资讯，可能你只能沦为一个时光机的产物。只有站在用户的角度上提供微博信息，才能真正打动受众的某个感情点。

蝴蝶和多米诺都有效应

我曾经听过这样的一个故事，有一对很相爱的男女，男的生了重病差点死掉，女的去佛前祈祷，感动了佛。女的愿意化蝶换男的重生，于是佛把女的变成了蝴蝶，三年内她来来回回绕在男的身旁，而男的身边却已经有了另一个她，女的很伤心，男的结婚那天佛问女的：明天就可以回到人身了，你后悔吗？女的说不后悔，因为有些事是注定的，就让我一直是一只蝴蝶吧。然后女的扇了扇翅膀飞走了，两周以后美国得克萨斯州引发了一场龙卷风，男的刚好在得克萨斯州和另一个她度新婚蜜月，就在被龙卷风卷起的那一刻男的仿佛想起了女的，但是故事结束了，这难道就是传说中的蝴蝶效应吗？

对于企业营销来说，这是一次煽情的微电影营销，也是一次绝佳的事件营销，我们甚至会发动强势的广告效应去发问消费者、拷问每一段爱情的忠贞指数：你的肩膀上有蝴蝶吗？这是一次社会化事件的推动，那些没有走到最后的爱情都是死在了蝴蝶效应下，我们以为是一件很小的事情，而在婚恋中却通过男女双方的嘴夹杂各种油醋酱茶，以致到最后变得不可收拾。

营销亦是如此，我们要做一件怎样的事情、对消费者讲一个怎样的故事，是一件很严肃的事情还是一件娱乐的事情，这是我们营销宣传前必须要搞明白的，否则到最后我们连收场的机会都没有了，因为在所有的故事结局来临前都还有翻盘的可能性，通常根据墨菲定律，所有你以为的坏结局最后都有可能实现。

一件事到底有多大的影响力？我们现在可能无法去思考，如果在一个假设的前提下，我们就能意料到一件事的影响力，比如全世界的所有人都从椅子上跳下来，全世界的人都向前吹一口气，全世界的人都在唱一首歌，全世界的人一起闭上眼睛，现在你知道一件事的可怕力量了吧！

当我们回归到企业产品营销上，你会发现一件事带来的冲击远远会超过你的想象。但是事件营销这种刺激的营销方式却是一把双刃剑，我们必须要把控 6W 法则以此来保证我们的目的性。拿一个视频营销案例《今年五一，你回家吗？》来剖析：

Why：为什么这么做？

规划整个视频实际上的时间也就是两天，我们想利用一下五一劳动节与母亲节这两个节日的属性，同时要推介一个品牌的情感属性。那个时候正好有点陷入创意匮乏期，恰好我妈给我打电话，问五一回家吗。这一句话提醒了我，为什么不做一个鼓励大家五一回家的视频呢？这正好也算是母亲节的一份礼物。于是我们加班做文案、画漫画，赶制了一个视频《今年五一，你回家吗？》。

Where：在哪里做？

视频做好以后，我们首先做了四个视频网站投放：优酷、土豆、酷6、56网。为了让整个视频更具影响力，我们配合人人网和微博的推介。当然最主要的是，我们借势了一个已经走红的视频《今年我二十七八岁》，邀请该视频的录音作者为我们的视频配音，这显然为我们视频的推广加分很多。

When：什么时间做？

视频投放时间我们安排在了24号，预计一个星期左右的推广正好可以赶在五一左右走红。很显然时间节点我们把控得很好，随着视频网站的自主首页推荐，我们的视频被捧成了五一催泪视频。而时间的逐步推进，正好赶在五一当天我们给媒体提供了一个有意思的社会话题，五一当天有近二十几家电视台十几家报纸做了专题推介，有的电视台还拿出近7分钟的时间来分析评价这个事件的走红，以及由此引发的一些社会思考。

Who：谁来做？做给谁？

思考视频的时候，我们建立在受众的位置上，思考我们为什么会感动？整个文案我们纠结了几个回合，目的就是要突出我们作为儿女的心态，同时将母亲的形象最后归结为大众母亲所做的一件事，"妈妈说，眼睛渴了就是艰难地按下11个键，听听那头儿子说'妈，我五一回家'。"这句话对很多受众来说是击中了泪点，所以网络文化的便捷催生了"眼睛渴了体"。

What：做什么给受众？

让受众哭让受众笑让受众思考，这是广告的附加值。受众想要看到的无非是能够击中他们内心的一些东西，过眼云烟耳旁风之类的广告实际上就是一次擦肩而已，不可能与消费者产生爱情。在五一与母亲节的节骨眼上，我们觉得煽情是一个必需的元素，所以我们要做一个煽情的视频去打动消费者，以每一个消费者的经历去产生蝴蝶效应。

Win：效果如何监控？

几乎所有视频网站的首页推荐，近200家媒体的跟风报道、二十几家电视台的气氛烘托、十几家报纸的思考解读，让这个普通的视频成为了一个公众事件，一个公众关心的事件。而同时我们的营销目的也在慢慢地成型，我们让一个几乎没有任何网络信息的产品一夜之间走进了消费者的视线，当消费者对“眼睛渴了”这个词产生好奇的时候，我们的产品就浮出水面了。

用一个5分钟左右的小视频掀起了一次龙卷风，这是一次有意思的情感蝴蝶效应，我们通过网友的各种评论及举动发现我们站对了阵营，当视频站点下视频有人踩的时候，立马就有网友站出来围观那些踩的网友，感动的风暴一旦被调动起来，将是一股多么暖人心的气流。

做一件怎样的事？对消费者讲一个怎样的故事？是一件很严肃的事情还是一件很娱乐的事情？这是我们营销宣传前必须要搞明白的，因为在所有的故事结局来临前都还有翻盘的可能性。要知道通常根据墨菲定律，所有你以为的坏结局最后都有可能实现。

一个活动的影响力

世界上最××的××

“史上最××”这个形容词基本上已经烂到极致了，当然不排除现在依然有商家营销时使用。这个词显然满足了很多商家内心的一种感觉，他们也似乎想通过这个形容词来表述自己“前无古人后无来者”的气魄。

世界末日那天起据说要连续黑三天，这是一个多么深情的日子，于是蜡烛躺枪，遭受疯抢，又不是停电三天，为啥要抢蜡烛呢？后来才明白原来抢蜡烛是为了给世界末日最好的祭奠。我们费尽心机到最后才知道，世界末日就是一个玩笑，所以我们后来称这样的行为是史上最“傻×”的行为。

后来有人说，等下一个末日，去上次疯抢蜡烛那里散步好吗？有些蜡烛会自己融化，找个姑娘点着蜡烛是我豁达的天堂。等下一个末日，把偷拍我抢蜡烛的照片送我好吗？我喜欢我傻傻的模样和着急的还在眺望的眼光。

无论怎样，玛雅人用一个“世界末日”的主题活动让全世界跟着疯狂了一把，这种有意思的活动显然成了我们茶余饭后的主旋律，人就是这么无聊的一个群体，需要一个接着一个不同的话题去对抗寂寞的日子。因此当我们去规划一些活动营销的时候，就需要用一股有意思的气流冲击消费者的生活，用有意思的模式去刺激消费者的神经。

当“陌陌”疯狂扩张的时候，我们就发现了陌陌的营销价值，然后试图给一个珠宝客户策划一次刺激的活动。当然我们想利用的是“陌陌”的LBS属性，并不倡导“约炮”这种属性的活动，我们想利用“陌陌”玩一次“真心话大冒险”，就是想赌一场“这个城市还有人相信爱情吗？尤其是一见钟情”。

珠宝的大多数核心是跟爱情不能分离的，比如“钻石恒久远，一颗永流传”这样的slogan，而实际上另一种爱情更会让人变得心跳没节操，那就是“艳遇”。无论是丽江的青石板路还是大明湖畔的夏雨荷，艳遇这玩意就是一种让人瞬间爆发人品值的活动。

我们事先在繁华的街头随机找五男五女，当然前提是这十个人的相貌在大众传统观念里至少四颗星以上，他们每一个人的任务就是在最繁华区，打开陌陌查找附近的异性朋友，选择自己的心动RIGHT，以各种方式主动向其表白，表白并两人牵手成功后将获得珠宝商提供的两对戒指，送两对戒指的原因是我们的主题为“相信爱情的人运气都不会太差”，这也是为了保障如果两个人不能走到一起，至少他们还可以遇见他们自己爱的人，而我们的目的只是要一见钟情。

活动预计持续一周左右，让所有的故事都发生在街头，让所有的结果呈现在微博直播。这样的事件配合上媒体的跟踪，趣味性和事件性就爆发了。尽管后来我们没有去执行，但是这个创意却让我们的广告商眼前一亮，然后付了他们微博的内容营销。

我们在多数活动的策划中，为了保证活动的眼前一亮，符合品牌的宣传主题，基本上会把控四个节点：坑，萌，怪，偏。

坑：这是做所有活动的一个基本前提，就是找一个让消费者心甘情愿跳下去的坑。通常这样的坑我们会设置得很感性，从消费者的内心出发，寻求一个能够填补消费者内心空洞的点。消费者强大的内心里缺失了什么我们就弥补什么，比如缺失爱情的幻想，我们就让活动充满了对爱情的幻想，当然这个弥补是建立在品牌的属性能够被满足的前提下。

萌：如今这个词已经成为了一个网络节日，这就是互联网的强大。如果不是这个字的走红，你甚至不知道日本小狗俊介君该怎么形容。这是比卡哇伊更让人抗拒不了的一种属性。2011 年我们就玩了一出史上最萌的求婚活动，做了 49 只大大的胡萝卜玩偶，在七夕当天引爆各大媒体的视觉。一次定性为“萌”的活动其主流的消费群必然是 80、90 群体，他们更能接受这种与他们生活时代吻合的活动。

怪：消费者的行为是怪诞的，而且有时候很荒诞！所以这种背离了主流思想的做法很容易一夜之间走红。当然品牌要的怪不是这种盲目的怪，比如之前微博走红的“板蓝根泡方便面”，而是要有灵性的搞怪，这种搞怪在消费者的眼里其实是俏皮。

偏：一切以偏、微为目的的知识都叫做冷知识，冷知识跟冷笑话一样，它够冷让人够意外所以才够惊喜。比如：巧克力对于狗来说是致命的，只要几盎司就可以使一只小狗丧命——由于心脏和神经系统受损而死亡；你键盘里的细菌其实比厕所的细菌还多；在喝酒前，多吃些动物内脏可以缓解酒醉程度；50 个人中至少有两个人生日相同的概率为 97%；二战期间颁发的奥斯卡奖座是木制的，因为当时金属是稀缺物资；最早被打上条形码的产品是箭牌口香糖；打喷嚏时无法睁着眼睛；睡觉时耗费的热量比看电视时还要多（节选自百度百科）。永远不要低估好奇心对一个人的影响力，这可能是活动突围的一个小技巧。

人类就是这样一个群体，需要一个接着一个不同的话题去对抗寂寞的日子。当我们去规划一些活动营销的时候，也需要用一股有意思的气流冲击消费者的生活，用有意思的模式去刺激消费者的神经。

对不起，我不爱你了

这一生，我听到的最伤人的一句话貌似是“对不起，我不爱你了”，这句话意味着一种决裂。这种伴随歉意、无奈的对白会彻底让另一个人心伤至无言，被击中的人甚至不知道应找一句怎样的话为自己圆最后一个场。但是这句话若从当初你伤害过的一个女子口中听到，你甚至会有一丝温暖的感动。前女友小 B 结婚前，喝醉酒后说出这句话的时候，我终于觉得我的罪孽开始消失了。

年少时，不敢爱一个人却给了一个人最深的伤害，她在一个角落里默默地爱着你三年甚至更久远，直到她结婚前，她才终于释怀，这是多好的结局啊！让我想起另一个感人的有关世界末日的故事。玛雅人狠狠地拿着三文鱼蘸了一下芥末说：黎明不会来，又狠狠地蘸了一片：黎明会来，黎明不会来，黎明会来。黎明不会来，黎明会来……看着盘子里最后一片三文鱼，玛雅人泪流满面地说：12 月 22 号，黎明不会来了！@黎明 悠悠地说：你找我？玛雅人卒。你看，如果你内心深爱着一个人，即使世纪末日了，他也会来找你的。

孙燕姿和刘若英各自的甜蜜结婚让曾经那一代少男们伤透了心的同时，也让女性们患上了幸福焦灼症，更不用提范范和梁咏琪，李玟和莫文蔚了。怎么一个转身的距离，那些我们以为永远哼唱着青春舞曲的少女，转眼间都嫁为人妇了？

我一个特好的姐妹说，假如让我见到未来的老公，我想会先甩他两个巴掌，再骂一句："你这些年滚哪去了！"

2011 年大 S 打头阵闪婚，他们要让全世界都知道他们很低调。好吧，你只是多了一个不低调的叫做张朝阳的哥们。汪小菲的情变，让张雨绮来了一场最突兀的婚礼。她说，"'86.8.8'是我的生日，'8.688'也是我手上这枚戒指的重量。当一个男人把一个跟我生命如此契合、独一无二的戒指拿到我眼前时，他的这份爱意让我感到前所未有的温暖，我要带着这份暖意和他好好的安静的生活。"好吧，我相信了爱情。

好在范范在婚礼上说："人生没有由于结婚成亲而成为一道分水岭，只是心情上确实有一点点不同。但是结婚成亲那一天不过是 24 小时，过日子比结婚成亲更重要。"这让我们看到明星摘掉光环也可以活得洒脱，好吧！我又开始相信爱情了！

孙燕姿的婚礼上，一句堪称经典 slogan 的话是"He met her and She met him"。这让我们一下子彻底觉悟了，原来爱情就是这么简单。后来孙俪说："你要对我好点儿，我现在站在这里已经是两个人了。"再后来，奶茶没有嫁给珍珠，换来一句："不要找，要等。"再文艺的婚礼遇到谢娜也就乡土气息范儿十足了，一句"捉住自己的幸福吧，你们的坡姐要嫁他啦！”让整个新浪微博沸腾了！

莫文蔚说，自此，“两人要一条心到老”，这个世界上有多少人最后能嫁给自己的初恋呢，那段美好的时光。李玟的 8 年长跑里换来一句“不签署婚前协议的富豪婚姻才是真爱！”1.23 亿的婚礼，这样也太给力点了吧！

Selina 的婚戒并不是戴在左手无名指上，而是戴在左手的尾指上。可以说 Selina 是艺人里面最勇敢、坚强的新娘。一句“那一天你来了，我知道我再也不用等了”守候到了她最大的幸福。

这一生我们一直以为在红毯后的那一句“我愿意”是最有影响力的，到最后我们在柴米油盐酱醋茶中才发现“对不起，我不爱你了”是一个马后炮，一旦遭遇了，死棋。

多少年来，我们就是因为这些割舍不掉的情怀，让爱情为主题的营销深深地击中了我们的命脉。一句话的威力就是如此，当商家的平面广告、电视广告、社交媒体广告一瞬间铺天盖地煽情而来的时候，我们就再也把持不住对爱情的向往，纷纷缴械了。而如今，爱情这个主题显然成了广告策划里的王牌之选，无论是快消品、日用品抑或者珠宝行业，甚至连卖挖掘机的大叔都想用爱情作为包装和卖点。所有的营销手段都会过时，但是作为营销主题的爱情永远

多少年来，我们就是因为这些割舍不掉的情怀，让爱情为主题的营销深深地击中了命脉。所有的营销手段都会过时，但是作为营销主题的爱情永远不会，因为这个世界上，只要有人谈恋爱就永远有买方市场。毫不夸张地说，恋爱是这个世界长存下去的支柱产业。

不会，因为这个世界上，只要有人谈恋爱，就永远有买方市场，毫不夸张地说，恋爱是这个世界长存下去的支柱产业。

让擅长的人做他喜欢做的事

不想当将军的厨子不是一个好司机，想当将军的厨子肯定是一个好营销人。你觉得人生啊梦想啊是一件很纠结的事情，那么证明你从来没有好好地规划过你的人生，人生实际上是可以按照你的预期去走的，用你最擅长的东西去做你喜欢的事情，这样的人生才是及时享乐。

千万不要等到看见别人的梦想瓜熟蒂落了，你才想起去年的春天你忘记播种了，这才是悲催。世界上最遥远的距离，不是你觉得梦想实现不了，而是你不去为梦想做点什么。

整合时代，要的就是这种魄力，“疑人不用用人不疑”，只有充分发挥了每一个人的作用，“在其位谋其职”，这样的结局才能有可能向着我们预期的结果去上演。

我们都知道传统的广告费用有一半是浪费的，但是具体浪费在了哪里，很多过硬的品牌公关公司都不清楚。作为中国首批Web2.0营销的先驱者，我们用上百个案例证明了我们更懂网民更具有引导

Web2.0 舆论的草根力量，我们作为新媒体的投放者，更懂你传统广告费用浪费的另一半在哪里，更懂得如何挽回这另一半广告费用的浪费。

广告的目的如同火焰的燃烧，带来的是亮度和热度，从而让潜在的消费者从触动到心动，因此它需要通过三个部分来传递亮度和热度：焰心（铺垫）+ 内焰（引导）+ 外焰（引爆）。而真正发挥其作用的是外焰，外焰的力度直接决定了是否能够将食物烤熟。新媒体的作用则是以其互动性、持久性更有效地促进火焰的有氧燃烧，促使原材料充分燃烧。而传统媒体的力度是依靠不断地供给原材料（广告投入和周期）来实现不断的热度和亮度，因此在同质化的广告上很多原材料并未通过与氧气（潜在消费者的互动）结合实现充分的燃烧，于是造成了原材料的浪费，也就使得"秦池酒业"昙花一现。

新媒体更多地体现在创意、互动及有效渗透，因此它用内焰更大的亮度实现了有氧燃烧，促进了外焰的热度传递，因为这更能让消费者感受到温度。被动式的传统媒体广告在加大曝光率的同时也就产生了更多原材料的浪费，因此为什么不让内焰的力度去助长外焰呢，这就是所谓的火焰营销定律。

火焰营销定律实际的输出策略就是整合营销，整合所有最优的原料，实现最大化的有氧燃烧，从而促进其有氧燃烧，这其中绝对不能脱离四个环节：选、育、留、裁。

选：选材很关键，这不仅意味着燃烧的时间长短，更关系到火焰的大小。而整合营销里面的“选”存乎于两方面：一是营销材料的选择，二是营销渠道的选择。好的营销内容可能会事半功倍，这就是要在营销内容上拥有足以引起受众的兴趣点和创意点，而渠道的选择上则一定要精准才能渗透并与受众产生共鸣。

育：育的是市场和对已经起步的营销。这意味着火焰的持久与大小，通常这一阶段需要把控来自于市场的直线反馈，对市场的反馈做出二级营销内容和营销目标。

留：当营销阶段进入白热化阶段，需要跟进的就是评估每一个渠道的影响力，开始学会舍弃，因为有一部分渠道的发挥力可能并不如预期般达到效果，那就需要果断地抛弃，留下当前阶段最适宜的渠道，根据渠道的力度大小进行三级规划，即分级递进，以保证每一个渠道的最后余热。

裁：营销目标基本上朝着预计规划的时候，第四级就走到了最后的冲刺阶段，这就好比卫星升天走入轨道前最后一段火箭的助力。这个时候根据预算要准备做最后舍弃，从而保证最后一击的最大化发挥，也就是需要裁掉多数渠道，将最后的一力加给最给力的渠道，实现最后单渠道的强势爆发，实现最后的有氧燃烧。

新媒体更多地体现在创意、互动及有效渗透上，因此它用内焰更大的亮度实现了有氧燃烧，促进了外焰的热度传递，这更能让消费者感受到温度，我们将这种输出策略称之为火焰营销定律，即整合营销定律。

05

产品很饱满，品牌很骨感

•试试多包装一些品牌而不是产品•

品牌识别度的推介实际上是一场核心卖点的反思维推介，它从侧面击中市场的要害，而却成功地避开了第一次与主流市场强大对手的正面交锋，躲过这一劫后，开始慢慢地渗透消费市场，从侧面一点一点地啃噬市场份额。

打印机这种消耗消耗品的工具是每一个公司不愿意支出的一笔庞大费用，但是生产商不卖出去，就只能喝西北风，而且是PM2.5爆表的西北风。于是打印机厂商就大胆地做了一个艰难却让自己很爽且赚到爆的决定——免费使用权。

四个技巧构建品牌识别度

唐伯虎为什么点秋香

你面前站着100个披着盖头的姑娘，你需要用多长的时间分辨出来哪一个是你女朋友？这是一个极度考验默契的活动，按照我们正常人的思维来说，基本上大多数人不敢去挑战这样的活动，因为一旦认错人搞不好会发生家庭纠纷的。

实际上如果100个人从外观上看一样的话，是很难辨识的，但是如果同时摘掉盖头的话，我们就可以瞬间找到自己喜欢的姑娘：秋香。这就是识别，是因为在我们的世界里，秋香有着与其他人不同的属性，千人千面，总有一面让我们轻而易举的识别。

品牌的识别度要求的就是千人千面的一眼间，如果你不能留给消费者什么印象，那么在其记忆成分里就会自动剥离，但是一旦形成了识别系统，该品牌一旦有新的广告上线，就会召唤出消费者记忆的对比。

如何在短时间里塑造一个品牌的识别度呢？这对于新品营销来说是一个非常有意思的话题，意味着该品牌跳出惯性思维的一些定位。比如雀巢“笨NANA”所采用的传统思维的爆炸性调戏，其突破了人们的好奇心，尤其是利用社会化媒体的推动，让“笨NANA”一个夏天便抢占了市场，抢占了眼球，此时你觉得这个品牌“笨”吗？

品牌识别度的塑造跟说相声有着异曲同工之妙，比如郭德纲的大蒜周立波的咖啡，本山大叔则是全国人民的水饺。学相声讲究四门功课：说学逗唱，而这也是品牌识别度塑造的一个流程。

说：说是新品一个关键的环节，比如手机。别说我跟苹果一样App多，别说我像诺基亚一样抗摔，别说我像HTC一样有文艺范儿，别说我像小米一样智能又低价。说它们没有的，这才是关键。比如我的手机定位于老年人，我有一键儿女，我字大手写键盘。我有自动语音识别系统，可以陪老人说说话。我们要做的不是最牛B的手机，我们要做的是最实用的手机，最有意思的手机，这才是市场迅速识别的关键。老大的市场已经既定，老二老三天天干架，那你一个新品没事就别跟着搅浑水了，不如细分一个自己的市场，自耕三亩地自有粮食收。

学：相声里面的学是为了学口技、双簧，模拟方言，其目的就是为了提升自己的能力，而产品的市场也要有这种学的精神。你看，小米就学苹果玩饥饿营销。每一个产品既然能够存活就有其生存的法则，这就是其可识别性的原因，所以品牌要学会“学”，去通晓这个行业同类产品生存的原因。

逗：我们现在所说的“逗”实际上是一种广告“挑逗”，我们需要利用创意的广告输出去抢占消费者的记忆空间。区别于传统行业广告的模式，找有趣的点有意思的点去塑造品牌更感性的一面，让理性的思维先暂时休息一下。当大家在一样的广告模式，即使公司名字调换、电话调换都无所谓的市场状态下，你突然冒出一股清新的宣传广告，自然就会引起话题。这就是在思维圈子抢占市场的方法，先利用“识别不同”突围。

唱：无论产品以怎样奇葩的姿态公布于众，其最终的目的都是要收获市场产生商业价值，否则这样的产品不过是昙花一现。“唱”是这个市场的真实反映，是消费者是否对该产品产生赞美的一个前提，我们需要消费者去歌颂这个产品，但前期是需要引导。好的引导口碑必然会产生扇形的传播，你看，《泰囧》利用人妖的话题激发了影迷的好奇，而后来却利用第一波影迷产生了“全民歌颂”的假象，于是第二波就开始挡不住的好评如潮了。

品牌识别度的推介实际上是一场核心卖点的反思维推介，它从侧面击中市场的要害，成功地避开了第一次与主流市场强大对手的正面交锋，躲过这一劫后，开始慢慢地渗透消费市场，从侧面一点一点地啃噬市场份额。品牌识别度这一仗，打得好满盘皆收，打得不好就回家洗洗睡了。现在市场上，突然出现嚼得更久的口香糖的时候，你怎么想？

品牌识别度的推介实际上是一场核心卖点的反思维推介，它从侧面击中市场的要害，却成功地避开了第一次与主流市场强大对手的正面交锋，躲过这一劫后便开始慢慢地渗透消费市场，于侧面一点一点地啃噬市场份额。

出名趁早营销赶巧

几乎没有一个人的名气是突如其来的，多数都是安排的。这不是命中注定，而是有预谋的注定，所以铺好阳光大道是成名最基本的要求。对于一个产品来说，基础的套路就是铺货，铺货就像陆地部队，广告就是空中部队，口碑是水军部队，海陆空三军作战才能更快速度地抢占市场先机，一役成名。

当产品的识别度异军突起的时候，实际上其知名度也开始慢慢地提升了。这样的知名度实际上是分为正反两种势力的，好的品牌识别是良性的品牌知名度，异类的品牌识别则可能是一次暗藏危机的变异。

企业无论以怎样的识别度去征服市场的眼球经济，实际的目的都很明确，那就是产品最后连锁效应良性的销售，一锤子买卖伤人伤己，这种一枪换一个地方的游击打法也不适合企业的长远利益。

企业的长效知名度实际上还建立在一个四步稳扎稳打的基础上，百米高塔起于地基，万里长城起于仨板砖，这些大道理不用太讲，大家都明白，只不过一旦陷入了企业的轮回里就都希望一步登天，尽管蜀道难于上青天，一口吃成胖子的心态还是每一个企业家都有，只是有些人外显有的人内敛而已，但是无论如何，企业想要合理维护好的知名度就要经历“唱念做打”，四个环节步步惊心，一步不慎都可能满盘皆输。

唱：企业不怕唱高调就怕唱走调，走调是一个企业迅速衰亡的最初症状。好的知名度自己不去唱就没有人知道，这个时代千万别指望“好酒不怕巷子深”，巷子深对酒的销售就是有影响的。通常来说，可能没有倒闭的那家小酒店最可能的原因就是临街第一家。时代的进步随之而来的问题是人变懒了，人们希望走最短的路就可以买到上好的酒，第一家的酒可能稍微差一点，但就是临街就是方便，深巷子里的酒再好人们却不愿意去寻找，这里面可能还增加了一个成本问题，那就是我在巷子口买一瓶 100 元的酒，进了巷子尽管酒还是 100 元一瓶，但是，注意这个“但是”，我在进巷子的整个购买流程里，我的时间成本、汽车的油耗成本这些致使我不愿意进入巷子里，什么叫做用户体验？方便就是王道。除非另一种情况，那就是临街第一家的酒走大众路线，巷子里的酒走文艺小众路线。

新时代的酒就要去不停地传递你的价值观、你的广告观，唱出你的好，只有别人知道了你的与众不同才会有消费的冲动，否则巷子就是你最大的竞争难题。

念：让消费者念着你的好，这是品牌魅力的绝对体现。俗话说得好：吃人家的嘴软，拿人家的手短。所以品牌知名度的一个提升有一个诀窍，就是口碑的圈子塑造，时常组织一些对消费者有利的活动，他们就更愿意去向自己的圈子推介你的产品服务，这是人内心的良性属性：喜欢把好的东西分享给自己最近的人。

做：一个企业如果能把消费者的所想都做在前面，这无疑会对消费者形成一组致命的诱惑。在消费者的眼里，这是对他们最好的关心，想他们所想，做能超出他们的预期范围，人们喜欢这种超过自己心里承受范围之外的惊喜。比如我们之前做一个酒窖的会员营销，绝对的老客户那种，我们甚至采取了游击惊喜的方式，做过充分扎实的调研，在正常的节日礼物外，我们更加留心他们的生日、爱人的生日、孩子的生日，我们在各种聚会里留意他们的一些喜好，在这些特殊的节日来一场突击惊喜，这让他们觉得我们的用户体验就是一个字：爽。

打：所有的江山都是打出来的，枪杆子里出政权，永远不要指望对手会拱手让江山。你看，“360”的周老板人生这一路有哪一次不是在打打杀杀中积累了各种曝光率，当然他玩的这一出营销并不能像唐骏的成功那样可以复制。其实每一个人的成功都难以复制，因为牵扯了太多我们看不见的资源。但是打江山每一个企业都有自己的套路，比如王老吉知道自己凉茶地位难保就玩官司营销，愣是把专注做凉茶的加多宝拉下水一个接着一个地打官司。打，就是市场的王道。

对于一个产品来说，基础的套路就是铺货。铺货就像陆地部队，广告就是空中部队，口碑是水军部队，海陆空三军作战才能更快速地抢占市场先机，一役成名。当产品的识别度异军突起的时候，实际上其知名度也开始慢慢地提升了。

品牌美誉度需要长期构建

别看广告，看疗效

同一杯咖啡，三个人去喝会喝出三种不同的感觉。前者会觉得那种苦涩像极了年少的青黄不接，而后者觉得咖啡的苦沉淀了梦想的大同，只有中间的人觉得可能是忘记放糖了。人永远有三种，活在过去、现在和未来，无论怎样却没有一个人能逃得掉广告。我们多数的购买行为都是广告导致的，你可以仔细回想一下，就算是去菜市场买菜，你都觉得要选择那些特产地的蔬菜，你觉得那样的菜更好吃，而实际上你只不过吃了菜的美誉度，吃了菜的名气而已，菜还是那份菜，倒是同样的价钱你买到特产菜的重量会轻很多。

别看广告，看疗效。看似实诚的一句话，实际上暗藏了太多的玄机。我们通常说越是老实人销售产品越有诚信度，而实际上老实人只不过换了一种方式“欺骗”你达到销售的目的。那些所谓的最大的欺骗就是拿自己可能的信任去包装不靠谱的产品，当然靠谱的产品更容易销售。

品牌的美誉度虽然是建立在“疗效”上，但是实际上没有“广告”的铺垫，美誉度这玩意就是躲起来自说自夸的名词，只有把美誉度拉到台面上，它才会瞬间通过广告的包装从名词变成了动词，而为什么美誉度成了动词，因为它是让一个消费者冲动的关键元素。就像相亲一样，你愿意嫁给一个准备喝两次咖啡就谈婚论嫁的陌生人，还是愿意嫁给一个朋友已经赞誉满嘴的人?

品牌的美誉度就像你经常去的那家餐馆里的一道招牌菜，它色香味俱佳，一看就让你有食欲。比如同一盘炒土豆丝为什么千人千味，这也是为什么同一产品美誉度有差异的原因，我们不妨以一盘炒土豆“丝”为例来剖析一下一盘美誉度极高的土豆丝是怎样炒出来的。

品牌产品需要包装，包装是一个核心要素，这就好比土豆丝最核心的要素是土豆丝，记住是丝，不是条，我们要的不是炸薯条。丝的关键在于厨师的刀工，好的刀工就像侠客千里取妖孽首级，什么背上切豆腐切报纸切肉，这些就是基本功。

切完土豆丝之后，另一道工序那就是泡。把土豆丝泡到水里，其目的就是为了去掉一些淀粉，防止入锅后导致淀粉糊锅。在这一点上就像品牌包装出来后，实际上未大批生产前是需要市场调研、内部审视等一些工作的，目的就是沉淀外包装的吸引力，保证超市上架后绝对的吸引力。

土豆丝进锅前，实际上也是料喂到极致的时候，这个环节决定了土豆丝的一些味道，是否放红辣椒、花椒，油是否热等等。当土豆丝入锅后，实际上最主要的力量在于铲子的配合，铲子的翻炒推动了土豆丝的入味工作，当然此时的火候一定要掌握到位。这放在品牌市场上有点类似新品包装上市前的一些小促销，也要掌握火候，一旦促销过猛有可能会让消费者产生低端的感觉。

整个翻炒过程中，铲子的作用很关键，要随时把控，这个时候为了让土豆丝入味，我们可能会增加盐、醋、味极鲜、鸡精等等作料。这在新品市场上实际就是一个促销环节的包装，通常为了让促销环节变得有趣，会设置更多的游戏环节，目的就是为了强效增加品牌的渗透度，比如一些快消品如方便面的推介，他们会设置线下的厨神大赛，利用民间厨神大赛的目的去推荐自己方便面的一个核心不同点，老坛酸菜就玩过，当大家在利用老坛酸菜去做很多很多菜的同时，也就把自己的核心卖点打出去了。

出锅前，有的人会选择 10 分熟，有的人会选择 8 分熟。这些都是火候的经验所致，也就导致了不同的口味，而每一个环节上每一次的操作都不可能雷同，这就是中式餐饮的一个核心不同点，这就是为什么我们经常去同一家餐厅，点同一道菜，尽管都是一个厨师做的，但是每一次的味道又都不一样，那是因为有时候菜的好吃、菜的美誉度还取决于厨师的心情。

品牌的美誉度是一段很长很长的路，这一路就是一道好菜，精工细作，经得起沉淀才可以。

品牌的美誉度虽然是建立在“疗效”上，但实际没有广告的铺垫，美誉度只不过是躲起来自说自夸的名词。只有把美誉度拉到台面上，才会瞬间通过广告的包装从名词变成了动词。为什么美誉度成了动词？因为它是让一个消费者冲动的关键。

爱一个人不需要发誓

那些天天发誓“我爱你”的爱情最后还剩下多少是活着的？我不是一个数据考究党，但是我坚信这样的爱情坚固度越来越低了，相反，那些默默无闻的爱情，每天没有太多的甜言蜜语反而会更坚固了。究其原因，实际上很简单，这就是忠诚度在作祟，因为爱情的坚固性与每天的“我爱你”没有实质性的关联，而有时候我们却被欺骗，以为每天的“我爱你”是爱情的黏合剂。

前女友小C是我遇到的最单纯的一个女孩，我曾经以为我们会是一辈子，那一年她让我对着天空大声喊“我爱你”，而最后我却没有喊出来，我觉得有些爱放在心底更踏实，然后再也没有然后了，甚至没有告别。到最后我只依稀记得那个城市的拉面有一种特殊的辣香，那个城市烤地瓜的香可以穿过风越过好几条街，那个城市火车经过时会有轰隆隆的声音。

到后来才终于明白，有些爱是可以无疾而终的，所谓的忠诚你都不知道是一个什么词。再后来，我遇见了小B，我们之间的故事我写上 17 页的情书都说不完，我甚至觉得我们的遇见就是一种天赐的缘分，只是那个时候，我已经受过无缘无故的爱情伤害，我对爱情的信任指数太低了，我不相信我们会走到一起而且走一辈子，那一场爱情小 B 的付出远远地超过了我的想象，到最后我只能为了她的幸福而放弃了我的。小 B 说："你爱我一下会死吗？"再后来当我学会了"我爱你"准备开始说的时候，遇见了小 A，我学会了拼魔方，可是我们的爱情再也没有出现在同一个面上。再然后，我对爱情的信任指数终于变为零。

品牌的信任度就是如此，随着伤害会越来越低。所以品牌维护的实际上是一种关系，只有关系持久而愉快地进行着，才能建立深刻的革命友谊。品牌的忠诚度实际上会遭遇五种人，而随着产品的中高端变化，忠诚度会越来越高，因为中高端给消费者的感觉也就是面子问题，更能激活消费者的羡慕嫉妒恨，更能体现一个人的身份，而越是面对中低端的快消品，消费者的忠诚度挑战和变节的概率就会越高。

a. 价格论消费者

这类消费者，经济能力可能偏低或者消费观念勤俭，他们唯价格马首是瞻，他们更喜欢以价格来衡量购买的欲望，对于包装、品牌等等没有什么明显的攀比性。只有价格才能触动他们的神经，尤其是促销活动中，这类人群永远冲在最前面。

b. 习惯论消费者

购买某一种产品已经形成一种习惯，并不是因为忠诚度的原因，而是个人购买喜好的原因。他们在购买的过程中目标明确，但是一旦竞争对手品牌出现价格优惠、广告宣传、独特包装、销售促进等行为，就会撬动这一部分人群的心弦。

c. 风险论消费者

这类人群一般对过往的消费品牌体验比较满意，有长期固定的消费习惯，不愿意改变，无尝试新鲜产品的动力，主要原因是怕因为品牌转化而产生不必要的风险、不必要的麻烦。由此风险产生的负面情绪让这一部分人选择了原有的坚持。

d. 情感论消费者

有些品牌可能并不是同类产品中最好的，也可能不是同类产品中最低的，但是因为消费者的消费习惯产生了某种情感习惯，对于消费者来说已经形成了一种心理寄托，在这种心理寄托之上，消费者不愿意去改变原有的情感消费习惯，于是就成了品牌的朋友。比如有些人就是天天习惯了吃益达口香糖，有的人就是喜欢吃彩虹糖，有的人就是喜欢吃旺仔 QQ 糖。这种消费习惯下是消费者某种情感的体现。

e. 忠诚论消费者

这类的消费者对品牌产生了强烈的情感习惯，甚至以之为傲。

品牌的信任度就是如此，随着受到的伤害次数会越来越低。所以说品牌维护实际上是一种关系，只有关系持久而愉快地进行着，才能建立深刻的革命友谊。

他们甚至习惯去替该品牌背书，主动传播该品牌的口碑。这类的品牌通常意义上比较大牌，满足了消费者身份的象征。要知道通常吃一包方便面是不会产生这种强烈的身份感、面子感的，这些往往体现在比如宝马车、劳力士、LV、阿玛尼等品牌上。

免费送打印机的经济学

免费送你东西，你总不至于伸手打笑面虎吧！打印机这种消耗消耗品的工具是每一个公司不愿意支出的一笔庞大费用，但是生产商不卖出去就只能喝西北风，而且是 PM2.5 爆表的西北风。于是打印机厂商就大胆地做了一个艰难却让自己很爽且赚到爆的决定——免费使用权。

谈这个免费使用打印机之前，我们不妨先谈谈免费使用权的一些营销手段。

免费试用目前显然是一个宏大的陷阱，而且是甜蜜的陷阱，由此甚至诞生了一个行业：试客。免费试用一般来说是一次超级有意思的口碑事件营销，这一点上有太多的企业试水过。比如红牛玩过的“红牛时间到”，就是限定城市，以收集用户资源为主、以写字楼作为引爆区域进行的大规模杀伤性的免费喝。甚至有豪宅、豪车也玩过一些 30 天免费住、一年免费开之类的活动，这些都是一次品牌口碑的推动活动。

当消费者在占着一些小便宜的时候，实际上就已经成为了该品牌的传播介质，这个世界上真的没有免费的午餐，就算有，那也是商家的一次试用营销。因为你吃到了免费的午餐，你觉得是幸运的，你就会不停地散播这个幸运的消息，而此时你的作用基本上就等同于一块写字楼电梯间的 LED 屏幕，最主要的是，你是一块活动的能够互动的广告屏。

没有一次免费活动不是心怀目的的，就像免费送打印机使用权一样，商家明白哪一种是即时消耗品，哪一种是长期折旧品，所以他们把有限的时间建立在了消耗即时消费品上。所以很多时候品牌在打“免费”牌的时候，无论是一些快消品的免费吃，还是一些中高端产品试用权的免费年限，通常都是在做另一种流动性的口碑广告。

2011 年，我们就尝试帮助一家地产企业做过类似的免费试住营销，这是短期吸引眼球和塑造消费者口碑的一个关键性因素，首先我们试住的原因在于激发消费者的品牌喜好，我们设置了体验性极好的样板间，这种试住实际上对于品牌尤其是地产行业来说成本极低，无非是提供一些住宿用品和饮食，但是其产生的话题性却是长久的，而且是有趣的。我们向整个城市准备买房的情侣发出号召，甚至邀请他们与丈母娘、婆婆一起试住。因为我们要做的就是利用试住产生话题，做一次漂亮的内容营销。

一群人试住、情侣试住、一大家子试住，甚至有驴友蹭住，我们都没有拒绝，因为他们正在为我们的活动产生可传播性的话题。

我们甚至把整个活动结合了当前最热门的一些社会话题、热门的电影，做成了一版版的漫画，增加了趣味的同时也让传播显得人情味十足。因为整个地产项目的城市局限性以及购买受众的局限性，注定只能局限于青岛，所以我们甚至在微博发起了更有意思的互动话题：你总有一个朋友、哥们、姐们、叔叔、阿姨、亲戚等等住在青岛，随手@他享受免费试住，赢得极致体验不用空调暖气的房子的机会。

搞明白品牌的消耗周期就明白了消费者的用户情感、习惯等等，多数情况下，我们的目的是缩短消费者两次购买周期之间的时间，所以有时候不得不利用一些免费的手段增加消费者的购买急迫性。比如购买一大桶可乐会赠送代金券，代金券的有效期必然在当前一瓶消耗完的时间之内。代金券有时候确实是消费者下次购买的一个心理暗示，而就是这种免费暗示会增加消费者的购买习惯和情感依赖度。

免费试用显然是一个宏大的陷阱，而且是甜蜜的陷阱，一般来说也是一次超级有意思的口碑事件营销。当消费者在占着一些小便宜的时候，实际上就已经成为该品牌的传播介质。这个世界上真的没有免费的午餐，就算有，那也不过是商家的一次试用营销。

21天可以改变什么

重复做一件事情最长可以坚持多久？我重复去做一件事，做得最久的貌似就剩下吸烟了，几乎每天都会抽一两支，多则三五支，这显然是最没出息的一种坚持，当然最普通的则莫过于吃饭、睡觉。

坚持这个词往往嘴上喊得最勤快，手跟脚却基本上完全脱离大脑的管辖范围，反正天高皇帝远。这就充分证明了“成功学为什么这么火”，因为成功学用十几万字、二十几万字总结了一句真心经典的话“坚持就是胜利，坚持就能成功”。红军长征两万五千里听起来恐怖吧！坚持下来了，这就是新中国。

坚持可以改变世界，毫不夸张。尤其是坚持去灌输同一种思想的时候则更可怕！脑白金的送礼广告灌输了多少年？要不是国家开始禁止这种广告的心理暗示，以及字眼“送礼”的不良社会风气冲击，我估计再坚持三五年也不是问题。

在行为心理学中，人们把一个人的新习惯或理念的形成并得以巩固至少需要 21 天的现象称之为 21 天效应。这是说，一个人的动作或想法，如果重复 21 天就会变成一个习惯性的动作或想法。如果这一点被应用到消费者的推介上，该是一种多么可怕的销售啊！把消费者变成你的销售员，这是一件多么强势的品牌推介。

这一点上，雅芳、安利早些年玩得很得心应手。他们最有意思的直销模式就是把消费者变成销售员，这一以圈子为基准的销售更容易产生实质性的销售任务。在这种圈子里没有永远的朋友，只有永远的利益，朋友是可以用来实现任务指标的。早些年我们会经常被一些这样的卖安利的人围攻，甚至有笑话也调侃说，多年不见的一对初恋情人再次偷偷地去一个酒店幽会，然后在床边两个人安静地坐下来，女的悠悠地问：“你知道安利吗？”

我们来做一个非常有意思的实验，那就是给你一张 A4 的纸，你最远能扔多远？通常来说第一种人会不假思索地直接去扔，这样的距离一般会很短，而且很费力不讨好。第二种人会选择将纸揉成一团，然后狠狠地扔出去，果然距离变长了，但是这张纸基本上也报废进垃圾桶了。第三种人他会思考一下，然后折一只漂亮的纸飞机，轻轻地在纸飞机的头上呵一口气，然后扔出去，飞机会在空中划过优美的抛物线，而且会平稳地落地，原本只是一张纸，现在却变成了一件玩具，凭空地提升了纸的价值。

这个实验告诉我们一个什么样的道理？那就是如何善加利用消费者的推荐力量，让消费者的推荐力量形成爆炸性的反应，而且最好能够持续一个 21 天的周期。实验中第一种人的推荐力基本上为零，并不能形成圈子里面的领袖意见；第二种人太粗暴，虽然推广出去了，但是不一定是品牌的良性口碑；第三种人是我们推崇的，能够实现消费者的推荐价值，让消费者更有动力去推荐，这就是雅芳、安利的模式，把消费者变成销售者。

在这一点上，淘江湖的推广就利用过类似的模式，邀请6个好友，换一个抽奖名额，最终可以集齐18种淘江湖玩偶。企业的目的就是要给消费者建立一个推荐的理由，比如某食品就是好吃，怎么个好吃法？要通过营销渠道、营销内容去告诉消费者这个食品确实好吃，吃完后舌尖有一种麻麻酥酥的感觉，最主要的一点就是吃一包可以集一张卡片，集齐7张拼成哪一座城市的地图就能免费获得去这座城市旅行的机会。同样，这样的活动设置线上兑换区域，可以让消费者交流发生兑换行为，从而加深品牌的印象。不怕他们真的中奖，就怕他们不中奖，中奖才是最给力的宣传。

21天能做什么？那就是把消费者变成销售者，这才是销售的境界。

一个人的动作或想法，如果重复21天就会变成一个习惯。这一点如果被应用到消费者的推介上，该是一种多么可怕的销售！把消费者变成你的销售员，这是一个多么强势的品牌推介！

刺激市场促销与长线培育市场的区别

情人节的鲜花卖给谁最划算

情人节去养老院卖鲜花好不好？百分百的答案是：去死。这种没常识的话你也能说出来？虽然这种想法是被否决的，但是如果我们出于另一种目的的话：事件营销，那么结论则有所不同。在养老院我们说不定会收获各种各样的爱情，还有爱情的真谛。养老院的老人可能并没有对鲜花消费的意愿，但是根据等价交换的模式，我们可以用鲜花去换老人一个故事，这就衍生了话题。

消费者对于一个品牌的影响力，远远不只局限于他的实际金钱购买力，同样在某些特殊的场景假设里也是能够推动产品销售的。而现在的社会里，人是现实的，我们推介产品的时候也是现实的，就是要精准到合适购买力的人群，而这样恰恰就丧失了一次绝佳的营销机会。

曾经有一则这样的新闻，说是一女孩去上大学，因母亲买不起苹果三件套而发生了一起争端，她觉得母亲买不起三件套会让其在大学里丢脸，这样的新闻实际上体现了民众的教育素质，但是对品牌的高端印象却产生了很大的提升。所以当我们在寻求品牌的购买力范围受众的时候，却发现我们忽视了另一个群体，那就是暂时性购买不起的受众，而正是这一部分受众的朝思暮想促进了品牌的N次方传播。

好的产品是需要这样两部分人养着的，一部分具有购买力的人产生销售额，保证品牌的正常运作，第二部分人就是低于产品购买力的人，这一部分人创造了话题和传播。两者相辅相成保证了一个品牌的曝光率与合理的推荐系数。

当我们明白了一个品牌需要面对的两部分受众以后，就需要规划广告的内容了。是培育市场还是销售产品，这是一个简单却难定位的问题。中国的民企多数的思维不是定位长远的将来，而是现实的现在，赚快钱的大有人在，这也是为什么国内越来越少有百年企业的存在。无论是哪一个国家，这种民企的路越来越步入“三步走”，第一代创业，用创新和胆识急速笼络市场，成就一番伟业，第二代基本上就是继承，第三代基本上就衰落了。有时候“富不过三代”是穷人的阿Q精神，不过有时候也正是映照了这个结果。一个企业的长远品牌利益永远是建立在把自己放在一线市场上拼搏，而不是放在三线市场上当佛供起来。

两种策略两种打法，取决于一个品牌的短期与长远利益的互相博弈。只是现在越来越少的企业有教育市场的决心，毕竟教育市场是一个长期的事情，而且是一种短期投入产出比很差的营销策略，这种策略有点像是前人栽树后人乘凉的模式，所以没有企业愿意做这种烧了香，佛却在下一个轮回显灵的傻事。

精准购买力受众的广告策略基本上以满足用户当前需求为基准，比如夏天就出现的风扇广告，这就是当前用户最需要的时节，你不买就热着，这是很急切的需求，过了这个季节需求就会瞬间下降。第二种广告形式就是冬天打风扇的广告，这是反季反创意的打法，是一种市场教育的过程，这个季节的广告目的就是教育用户，我们的这个风扇就是牛，多少多少转行业第一无杂音，风速稳定吹着最舒服。这种广告配合当前的季节，让人印象很深刻。这就是两种策略的两种实现方式，第一种基本上广告和销售额有正比趋向，第二种广告是一种品牌教育过程，未必会瞬间带动销售，是舍得孩子套狼的典型投入式做法，这种做法有长远的品牌利益，但是短期利益基本上难实现。

两种策略的取舍之间于是诞生了不同的企业品牌命运。

培育市场还是销售产品？这是一个简单却难定位的问题。中国民企多数的思维不是定位在长远的将来，而是现实的现在，赚快钱的大有人在，这也是为什么国内越来越少有百年企业的存在。

挖掘产品的附带属性

西红柿炒鸡蛋放糖还是放盐？

用以区分消费者地域的特点，往往是细而微的、来自于最普通的衣食住行的东西。从早餐的特点来细分你就会发现南北生活有着巨大的差异，正是这些巨大的差异导致了消费者购买行为的变化。

生活的差异性类似豆腐脑放糖还是放盐，西红柿炒鸡蛋放糖还是放盐这种问题，两种不同的味觉体验实际上就塑造了两种不同的人生，人生阅历的不同就决定了消费观念的不同，消费观念的不同就产生了不同的地域购买行为，比如有的人喜欢去巴黎购物，有的人喜欢去香港，有的就是喜欢批发城，而还有的人就喜欢去逛西单。

差异性的购买行为是由经济基础决定的，当然还有就是长久的消费观念所奠定的。有的人就是喜欢刷爆信用卡买不切实际不符合自己当前消费水平的物品，这就是虚荣的表现，这一类人大有人在，而且会越来越多。月光族一点都不可怕，可怕的是你月光的内容是放在什么价值的产品上，是衣食住行还是为了梦想？高尔基曾经说过类似的话，“我扑在书籍上就像饥饿的人扑在面包上一样”，所以说他成了伟人，而现实中我扑在书籍上很可能就会成为一个吃货。所以说梦想很重要，直接决定了一个人未来的模样。

但是无论有着怎样的消费差异，人总归是要生活的。原本生活是一个“动词”，而在中国分解成两个单字的时候，你会发现“生活”就显得更不易了，“生”不容易“活”也不容易，（这里躺枪的请举手）。但是为了生活我们却不得不奔波于各种场所，于是在各种场所我们就遇见了各种不同的广告，广告的目的就是要精准用户活跃的范围后打合适的广告。

就像高档会所里面不会打方便面的广告，公交车站牌上不会出现奢侈品的新平面广告，这就是由品牌受众活动范围所决定的。但是男士香烟的广告可以铺在女士高档会所，女士的新口红广告也可以铺满男士高档会所，这是品牌众受心理需求所导致的。前者广告的目的就是广告，实现品牌的基本属性，而后者广告的目的是提升品牌属性的二次挖掘，把产品变成礼物。

从一睁开眼到一闭上眼，一天过去了，我们时时刻刻都在经受广告的轰炸：公交广告、的士广告、户外广告、报纸广告、杂志广告、互联网广告、手机广告。从一闭上眼到一睁开眼，一天开始了，我们又时时刻刻都在享受品牌带来的感受。无论是你的被子还是床，甚至半夜去的洗手间，都是一系列产品带给你的品牌感受。消费者的生活躲不过广告，但是他能告诉自己接受怎样的广告，他每天会喝一杯牛奶烤一片面包，坐什么车经过哪一条街道去上班，打开电脑的一刻会检阅微博的每一条@每一条评论，认真回复QQ上每一条信息，然后泡一杯咖啡开始新一天的工作，这个时候似乎已经奔着 10 点半去了，再过一个小时就吃午饭了。

所以说多数人的生活节奏里面，社会化媒体显然已经抢占了消费者大部分的碎片化时间，你甚至会在三点一刻下午茶的时间偷偷地瞄两眼微博，或者玩一玩手机的切水果 App，晚饭的时候即使有约会也会用 App 摇一摇看看去哪里才能吃一顿有意思的晚餐。是的，我们大部分的时间和活动范围都奉献给了互联网，一个是 PC 的互联网，一个是手机的互联网，注定躲不过就没必要躲。

当品牌营销明细了消费者一整天的时间多数在哪里，就不妨来一点刺激他生活的广告，传统的广告模式基本上已经宣告死刑了，没有人在互联网的时代还喜欢死气沉沉的广告，挑逗一下他的神经很有必要。互联网的广告一定要够大胆，但是千万不要碰触宗教、法律、政府的底线。也就是说，当你习惯了西红柿炒鸡蛋放盐的日子，不妨下一次试试放糖，也许会有不一样的舌尖刺激。

广告的目的除了实现品牌的基本属性，还可以提升品牌属性的二次挖掘，把产品变成礼物。没有人在互联网的时代还喜欢死气沉沉的广告，当品牌营销明细了消费者一整天的时间多数在哪里，那就不妨有针对性的来一点刺激他生活的广告，挑逗一下他的神经很有必要。

06

看不见的竞争对手：别人家的孩子

•保持对市场的第一反馈，了解竞争对手•

在品牌的商业营销战场领域里面，寻找竞争对手的短处就成了一个至关重要的课题，每一个行业的老大都战战兢兢，每一个行业的老二老三都有想弄死老大的心，但是不一定有这个胆，这个胆包含的东西太多了，有时候七分实力还要外带三分运气。

这个世界上有很多的高智商犯罪，最后他们可能都逃过了法律的制裁，不是因为他们智商的高阶，而是他们找到了完美的嫁祸。

他是谁？

知己知彼

我们经常被一个看不见的“宿敌”打得魂不守舍却无从反击，这个宿敌就是“别人家的孩子”，这个神奇的生物自诞生以来就有强大的人品指数，攻无不克战无不胜。他不玩游戏，不聊 QQ，不刷微博，不逛开心网人人网，门门功课优秀，琴棋书画样样精通，斧钺钩叉棍棒招招耍得有模有样，从交手的那一刻起，我们就从来没有胜过。

别人家的孩子总是在暗处，我们一直在明处，所以我们总是腹背受敌。既然必须要交手，我们就不得不研究一下这个物种，如今在企业品牌的领域，研究这个对手也显得尤为关键。残酷的市场从来不缺眼泪，也从来不相信眼泪。没有知己的把握，永远不要冲在一线市场，没有知彼的把握，永远不要挑起市场的竞争，蛰伏的目的就是为了更好地出击。

谈到“别人家的孩子”，他到底是谁，怎么样？我们必须从四个方面研究他的出身，这就是我们通常说的 4Ps 理论。这是被一些专家说已经死了的理论，但是没有这个前身，你甚至不知道别人家的孩子到底是谁。通常提及 Ps 这一定义，很多爱美的女生都知道，这简直就是对天生丽质的逆袭——一秒钟天生丽质，于是我们发现很多天生没有修来的福分，实际上后天是可以用 Ps 弥补的。按照通常的数学定律来说，4 倍 Ps 的威力肯定是要大于 Ps 的，没错，也就是说通常一个企业品牌营销把握了 4Ps 的核心要素，就相当于建立一个绝对的城堡。

4Ps 通常指产品（product）、价格（price）、渠道（place）、促销（promotion）。当然这 4 个 P 是需要一个统一管理的，那就是“s”的铺垫。“s”指策略（strategy），混成一种营销打法就叫做 4Ps。从这四点上，我们通常会发现一些本质的问题。

产品（product）：产品肯定是王道，其余的都是护法而已。好的产品必然是市场获胜的有利砝码。所以通常的新产品打法必然是要颠覆传统的产品属性，试图挖掘一种人与产品之间的需求共鸣。比如小米手机，走智能与低价的结合。比如苹果手机，利用高端与体验的结合笼络大批果粉。它们背后的制造者都在试图颠覆一种传统的手机概念，把原本手机的属性“打”“发”给打发走了，增加了更多的新奇体验。比如苹果手机引领的 App 时代，依附于苹果的系统却谋求到了一块新的市场蛋糕。

价格（price）：10 个人中有 8 个人是关心价格的，没错，二八定律也可以应用到这里，挤不到上层的经济建筑，就会活在斤斤计较的现实里，就算买一棵白菜也会选择便宜三毛钱的。所以通常来说，营销的过程中，价格策略尤为重要，这意味着你是否在合理控制成本的基础上寻找到与消费者内心的共鸣。物美价廉是几乎每一个人内心的真实想法，虽然现实已然剥夺了他们这种幼稚的念头。我们经常在超市里看到的“逢 9 法”就是心理价格策略，是说产品的价格会定位在 9 元、49 元、99 元等等，这是对人性的一种潜意识暗示与利用。同样一件商品，价格分别是 49 元和 51 元，尽管只差别 2 元，而实际的心理错觉却是天壤之别。

渠道（place）：到现在为止，渠道依然是产品的扎实后盾，经销商的培育和销售网络的建立就好比红娘牵起了一根红线，缘分由此自然水到渠成。如果没有扎实的渠道支撑，再好的产品也只能躲在仓库里顾影自怜。通常来说，大多数的快消品拼的就是渠道，渠道的疯狂有时候会搞得代理商心慌慌，每一个产品都想要求代理商排他性的代理，于是无论方便面还是凉茶，发生拳脚摩擦的事件还真不少。但是你看可口可乐，每一个杯身都是一个很好的广告渠道。所以说，无论是铺货渠道还是广告渠道，只有深谙其道，才能找到最利于产品销售的土壤。

促销（promotion）：促销的目的除了是对老客户的一种让利回馈，实际上更主要的是利用促销实现消费者的品牌转换。研究竞争对手的促销策略就是一场消费者争夺战，促销有时候拼的就是价格战，到最后大家以为获益不少，而实际不过是另一种营销而已，是拿优惠做了另一种广告效应。电商大战玩得惊心动魄，到最后还不是一样打着降价的幌子做着免费的广告，以致最后还惊动了

CCTV。

从这四个层面研究完了别人家的孩子，我们就不再是躲在暗处了，找到了四个层面的有利出击方法，那么不妨就此拉开架势明对明地干一架。

残酷的市场从来不缺眼泪，也从来不相信眼泪。没有知己的把握，永远不要冲在一线市场；没有知彼的把握，永远不要挑起市场的竞争，蛰伏的目的最终就是为了更好地出击。

草船为什么可以借箭？

十天内制造十万支箭，这对一般的兵工厂来说，尤其是以廉价劳动力为主要生产核心的兵工厂简直就是逆天的巨大挑战。平均一天一万支箭，如果有 3 条流水线三八制工作岗位赶制的话，倒是可以一搏，但是很容易产生过劳死，总之不大划算，如果非要生产的话，至少也应该外包给像是富士康这样的企业。

对于诸葛亮来说，这显然是被设下的一个陷阱，羡慕嫉妒恨嘛！人皆有之的常情，谁让这个时代既生瑜又生亮了呢？诸葛亮显然没有外包给富士康的实力（前提是富士康撤掉几条流水线改做箭），所以他只能另起炉灶想新的点子。这个时候鲁肃实际上为诸葛亮的成功提供了很多硬件支持，那就是借来 20 艘船和 30 几个士兵，然后是各种草把子。诸葛亮夜观天象，深谙曹操的为人，当大雾起时，让士兵锣鼓喧天，于是曹操的弓箭手就拱手“借”给了诸葛亮十万支箭。这一场赌局里面，诸葛亮利用了各种资源的对接以及对各人物性格的把握，天时地利加人和环环相扣，少一环结果都不会太好看。

这一点正验证了营销的4C理论，也就是说诸葛亮把控了四个层面的相互配合，从而让三天十万支箭成为现实。

顾客（customer）：整个草船借箭的过程中，谁是顾客？周瑜还是诸葛亮？首先周瑜设下的计谋，诸葛需要满足周瑜的用户需求：三天十万支箭。诸葛亮做草船的目的是为了“借”箭，而这一环节曹操的目的实际上是在满足诸葛亮的用户需求。省去所有的中间环节就变成了周瑜要箭曹操给箭。所以了解用户需求和明了用户的意图很关键，诸葛亮明白周瑜要箭是一个幌子，实际的目的是打压诸葛亮。这对诸葛亮来说是一个亟待解决的问题，那就是如何躲过，要想躲得过必然是要帮助周瑜圆谎，那就是十万支箭。

成本（cost）：三天内造十万支箭基本上就是一个九天揽月的任务，而且在成本上来说，太奢侈，不符合兴兵作战的规则。所以诸葛亮就不能外包这个任务，何况外包这个任务风险系数太大，万一被对手知道了，找个时机来截获，得不偿失。诸葛亮于是只能在成本范围内寻求更有利的方法，那就是“借”。从天象分析，有大雾，而曹操生性多疑，这就是一个核心的点。如果曹操不搭理诸葛亮的挑衅，就不会让诸葛亮白白捡了十万支箭。所以在最少成本的利用上，诸葛亮把控了对人这一资源的调配，通过鲁肃找到船、士兵、草把子，然后找曹操借箭。

便利（convenience）：当明确造十万支箭不现实后，最便利的基本上就是有人直接送来最好不过。所以诸葛亮玩了一出心理战，利用曹操性格上的弱点完成这一出最便利的“借箭”行为。对人物性格的把控上，诸葛亮还利用过司马懿巧设“空城计”，这些都是人物性格一些便利利用的典型事例。当然核心的一点还是诸葛亮对天象的把握和猜测，因为所有的前戏准备完毕，最终实现的前提是在大雾笼罩下，如果没有大雾，那么可能 30 个士兵的小命就永远地消失在黎明前的黑夜了。

沟通(communication)：积极有效的双向沟通，建立基于共同利益的关系，是整个草船借箭的必经之路。可以说，沟通成就了“草船借箭”这一神话。诸葛亮明知道是设计却敢于承接，想必这个时候诸葛亮已经成竹在胸，他与鲁肃的沟通以及交代鲁肃的保密都是对各个人物的性格把控。等到了借箭的一天，诸葛亮跟曹操来了一场心理沟通，这一场沟通最为成功，直接导致了曹操的战略攻击，而这一场战略攻击实际上正中诸葛亮下怀。当然，周瑜与诸葛亮的矛盾实际上也是没有有效沟通的原因导致的。

这一场赌局里面，诸葛亮利用了各种资源的对接以及对各种人物性格的把握，天时地利人和环环相扣，少一环结果都不会太好看。这一点正验证了营销的 4C 理论，即顾客、成本、便利和沟通。

他的缺点短处是什么

没有完美的犯罪，只为完美的嫁祸

这个世界上有很多的高智商犯罪，最后他们可能都逃过了法律的制裁，不是因为他们智商的高阶，而是他们找到了完美的嫁祸。凡走过必留下痕迹，只有完美的嫁祸才会躲得过。所以我们必须要找到蛛丝马迹去证明，让他躲不过。每一个人都有一个暗藏玄机的短处，这个短处很多时候就是致命点，因此很多时候我们都是在扬长避短。

在品牌的商业营销战场领域，寻找竞争对手的短处就成了至关重要的课题，每一个行业的老大都战战兢兢，每一个行业的老二老三都有想弄死老大的心，但是不一定有这个胆，这个胆包含的东西太多了，有时候七分实力还要外带三分运气。比如腾讯视频一直号称视频行业第三，但自从优酷收购了土豆，他们就提前完成了年度第二的指标。

很多时候，产品同质化后我们就不得不陷入另一个领域的比拼，也就是看不见的服务。海底捞在火锅界一夜之间崛起，其服务人性化已然到了极致，这暗示我们通常竞争对手不甚注意的四个领域可能就是我们同质化产品突围的出口。

人格化营销（people）：截止到目前，很多商品的销售还是石器时代物物交换的模式，一手交钱一手交货，期间并不能产生更多的交集，由此消费者下一次可能就因为价格原因转而购买了其他产品。这种购物的模式会一直存在，企业如果想要获得更多的信赖与品牌支持率，就必须要跨出这物物交换的第一步，需要进入深层次的人文对话中，让消费者切实感受到产品所带来的健康、快乐等属性，消费的不仅仅是产品更是一次精神寄托。所以现在我们看到有些企业确实在尝试互动营销，即把消费者带入到更健康更有意思的户外，给产品赋予了人格的魅力，能够与消费者进行心理对话，让消费者产生长久的忠诚信赖感。

自豪感营销（pride）：你有没有在使用某一个产品的时候会产生一种自豪感，这种感觉让你轻松愉悦，带给了你一种前所未有的体验，比如苹果手机，当你使用的时候，你会体验时尚、个性、魅力，是一种扑面而来挡不住的诱惑，很多人都在追求拥有这种体验。比如耐克运动鞋，当你穿上的那一刻，你身上也会瞬间极具体育拼搏精神。正是这种大品牌带给了消费者一种不同的体验，这种体验让消费者在使用过程中觉得自豪。

公众化营销（public）：公众化营销似乎是一夜之间风靡起的，你甚至还不清楚这一阵疯来自哪里，就已经陷入各种营销的陷阱里。各种抽奖风暴更是席卷而来，只是这种活动背后谁是赢家，KPI 的报告里从来都是模糊的。我们在社会化媒体领域看到一个个成功的案例崛起，无论是寻找孩子的、帮助农民卖农副产品的，总是瞬间成为神话。这个社会化媒体渠道提供了广告便利的同时，也成了危机瞬间崛起的领地，稍有不慎企业就陷入了这种僵局，西门子遭遇老罗就是一出好戏，要不是方舟子黑公关的解围，因“门”而起的危机，估计“西门子”至少也会损失一个“门”。

力量型营销（power）：当一个企业品牌对外不再关注销售额、市场占有率等等，开始关心它的企业品牌文化是否吻合主流社会，它的品牌精神是否能够传递正能量激励下一代的时候，它就已经不再是一个企业了，而是一个有血有肉的人，它在这一刻灵魂附体重生了。没有人不喜欢这样的企业，因为它在推动整个社会正能量正方向的前进，它在传递一种正确的价值观，这是一种不可企及的力量。

企业也是一个有血有肉的集合体，它缺失什么营养，用什么维生素，更是企业掌权人所关注的。让企业拥有一个健全而健康的人格，更能带给消费者激活消费者的力量。如今社会化媒体是企业正在缺失的领域，抢先一步是先机，落后一步是绝尘，只有真正懂得利用社会力量的企业才能勇敢地走在市场一线老大的位置上。

暗藏玄机的短处很多时候就是致命点。社会化媒体如今正是企业缺失的领域，抢先一步是先机，落后一步是绝尘，只有真正懂得利用社会力量的企业才能勇敢地居于市场一线老大的位置。

他的后台是谁

没被孙悟空打死的妖精都被接走了

当我看《西游记》的时候，很多时候一直在纳闷，为什么有的妖精最后被天庭里面的神仙带走了，而有的却立地执行死刑？而且但凡被接走的妖精都能够让孙悟空大受挫折，而野生的那些却总是那么的不禁打。

当然还有一个明显的结论就是，无论是野生的妖精还是从天庭里偷溜出来的妖精，在西天取经的路上为了劫持唐僧基本上都发挥了十成的能耐。这充分显示了每一个创业团队最初的拼劲，尽管大多数初创团队最后的结局很悲惨，但这并不影响他们的创业拼劲。而且我们不难发现一个有意思的结论：凡是有后台的人总是能笑到最后。于是我们在营销过程中不得不要研究一下竞争对手的后台是什么。

究竟是风投的资金还是产品的市场契合度并不是我们要研究的课题，我们研究的并不是这些硬件能力，硬件能力不是一时讲得清楚的，比如国家政策的扶持、风投的介入、创始人的身世背景等等，我们只关心产品背后的后台是什么，是什么样的后台打动了消费者，促使消费者买单！

这我们就不得不讲一下品牌营销的四个后台原则。

趣味原则（Interesting）：如今话题最快的一个传播渠道是什么？显然微博肯定算其中之一，微博已经步入娱乐至死的时代了。无论你信不信，反正“潘币”从这里火了，反正王石的“红烧肉”从这里火了，就连刘翔征战奥运会也触发了各大企业之间的“文案大赛”，当然杜蕾斯这个家伙又胜出一步，绑定产品属性一个很nice的文案就风靡了“最快的男人不一定是最好的，但是持久的男人肯定是最强大的”。不得不承认，内容营销越来越向趣味靠拢了，硬生生的广告在微博的世界里越来越水土不服了。加多宝王老吉官司大战，当加多宝的“对不起”文案走红，立马就出现了“没关系”文案。那些越来越被网民接受的趣味文化已经深深地开始渗透到企业品牌精神当中。

利益原则（Interests）：在微博上，同样两个网络活动，一个就是产品免费试用自付邮费，另一个就是转发评论随机抽大奖，什么iPhone、iPad、名牌包包应有尽有。你会参加哪一个？80%的人会参加第二种，碰碰运气总归没有错。那么剩下的20%呢？很负责任地告诉你，他们不屑参与这种活动，目的有二：高富帅占一部分，另外一部分就是天生的乐观悲观主义者，他们坚信有大奖但是不一定落到自己头上。这就是利益，第一种先损害了消费者的利益，是以付出为前提的活动，没有人愿意付费试用，除非你是大牌，否则便是自讨没趣。

互动原则（Interaction）：我们口口声声说的一些互动是真正意义上的互动吗？对于消费者来说，品牌互动实际上是产品的购买，那些什么社交媒体的转发评论并不是真正意义上的互动，只能称之为动，只有让消费者进入产品的购买流程才能算是一个完整的互动，否则企业品牌的互动营销就没有了意义。你说，哪一个企业愿意只考核社交媒体的转发评论数目，不考核实际的成本和销售比率？所以类似新品命名、创意征集都是有意思的互动，是比微博转发评论更有意义的活动，它至少让消费者参与到了产品上，而不是微博段子上。

个性原则（Individuality）：如今的社会，同样的两件产品，一件“地球人都在用”，另一件“全上海独此一家，千人限量版”，你觉得哪一个更来劲？答案很明显。人们随着生活水平的不断提升更喜欢独家定制限量版，这不仅仅是面子问题，更是一种品位追求，更是一种个性的自我展现。所以现在我们看到有一种网络创业模式：限量版原创 T 恤。他们采用的就是这种消费心理，每一款 T 恤都由知名设计师设计，每一件只卖 24 小时，过时不候。

当你读懂了这“4I 原则”以后，品牌营销该如何去规划是不是更清晰了一点？企业品牌最大的后台实际上是消费者，只有取悦

企业品牌最大的后台实际上就是消费者，只有取悦消费者的产品才是王道产品。想取悦就必然要明白消费者心里到底想要什么，什么最能打动他们，而打动，就是比心动更疯狂的一个层次。

消费者的产品才是王道产品，而取悦消费者就必然要明白消费者心里到底想要的是什么，什么最能打动他们。打动，你明白是什么概念吗！就是比心动更疯狂一个层次。

•他习惯在哪里活跃

强龙压不过地头蛇，虎落平阳被犬欺

对手的实力，永远超乎你的想象，千万不要想当然，这样大意轻敌最后可能会死得很惨。品牌战争里，我们最需要了解的是消费者，因为他们才是掏钱的主，顾客就是上帝在这一刻显得尤为重要，当然了解消费者最应该了解的首先是竞争对手的消费者。竞争对手消费者对竞品的评价尤为重要。

评价是分等级层次的，一般会有三个级别：差、一般、优。小时候的学习成绩会分A、B、C、D，淘宝的规则则是差评、中评、好评。当然淘宝的评价系统是时间累积的过程，按照获得的好评数会自动对等成皇冠、钻石、星。这种带有历史性交易评价的规则，让好的更好让差的更差，遵循了良性发展。

如同我们在淘宝中购物时去分析卖家的信用级别一样，我们需要去研究消费者对整个行业的评价，对竞争对手的评价，这样我们才能找到最有利于自己的营销style。

假如对手的受众评价普遍为差。你没有什么好自豪的，也许这就是行业的评价！在没有了解事实真相的时候，谁都有权利五十步笑百步，但是最后的结果可能是自取其辱。当市场这一块蛋糕还没有做大以前，误解肯定漫山遍野，只有当市场的蛋糕做大以后，才能形成一场主流的市场影响力，当然我们也不能排除一些见风使舵的主儿半路杀入这个行业分蛋糕。比如团购市场，一个可信度越来越低的行业正在进入低迷期，面临重新洗牌了，每一个正在烧钱的团购网站也在祈求新一轮的开局，能够开门红来“两个王一个炸”。当年团购有多疯狂？太多人经历了它最癫狂的时代。

差，是提升的标杆，正是这个标杆的存在才能激发变革，我们通常应该感谢对手把这个市场做得差，从而让我们有了更多的机遇去改变，只能懂时势的为俊杰，当然这个俊杰跟唱《江南》的俊杰没半毛钱关系。

假如对手的受众评价普遍为一般。这个一般是什么概念？基本上等同于半死不活，是比上不足比下有余的境地。这样的境界说白了就是缺失一个机会，有机会立马冲上去，乡村品牌也可以逆袭国际大牌，但是没有机会就要永远地随大流。当对手的评价是“一般”的时候，对于我们来说就是一个机会，找一个机会突围！把对手的弱点全部弥补，提供一种让消费者更新奇的体验，两步走，“一抢眼球二抢市场”。

假如对手的受众评价普遍为优。当你进军某一个行业市场的时候，市场的老大已经定型，其消费者对该品牌的消费已经形成一种习惯，甚至一种美誉感、忠诚感。这个时候证明这一块蛋糕确实是好吃的，否则不会赢得消费者的青睐。想要分得一块可能难度系数很大，但是市场是活的人是活的，但凡想突围我们总能找到市场的缺口，那就是细分市场。产品一般三分天下——上中下，当上中游被各种占领以后，实际上是竞争最激烈的，那么不妨此时就屈尊一下玩玩下游市场。

当全面了解了整个市场的评价，开始学会了规避风险，这个时候品牌才会慢慢地成熟。不要去躲避消费者的评价，一个品牌能承受得住多大的谩骂就能承受得住多大的赞美。一个缺失用户评价的品牌实际上是可悲的，这就好比夫妻关系的曼妙，一对夫妻如果连吵架的心情都没有了，基本上就宣告爱情拜拜了。

品牌战争里，我们最需要了解的是消费者，因为他们才是掏钱的主。当然，了解消费者最应该了解的首先是竞争对手的消费者，此刻，他们对竞品的评价尤为重要。

竞争还是联盟

三国杀还是三国盟？

你玩过三国杀吗？这绝对是一款有意思的智力竞技游戏，通过你所抽中的人物牌技能和手牌技能，按照你的身份或杀主公或护驾，这简直就是商战的一种娱乐翻版。尤其是当你深陷这种游戏的过程中，你会发现，生活亦三国杀，三国杀亦生活。

当别人对你打出一张“决斗”的时候，你最好的回应方式是什么？有三种结果可以选择：①与对手不停地出“杀”，直到有一方掉血为止。②打出一张“无懈可击”。③根据自己角色设定，比如你选择的是曹操，你可以选择掉血，把“决斗”纳入囊中。

这三个结果仅限于正常的打法，在已经掌握了整个剧情，大致了解各个角色的身份后，可能还会有其他的结果。打出哪一张牌完全取决于对手与你的身份是否在同一个阵营里面，如果在同一阵营内，有时候演戏就像周瑜打黄盖，一个愿打一个愿挨，目的就是混淆场面。当然如果你的身份是内奸，你更应该这样做：取得忠臣或者反贼一方的信任，干掉忠臣或者反贼其中的一个人，然后代替他的身份。所以当角色进入剧情后，你还有第四种打法，即④让同盟给你打出一张“无懈可击”。

营销商战里面，如果对手对你打出了一张“决斗”，那么我们该怎么面对？迅速反击吗？还是默默忍受？这取决于对手的身份！

第一：对手处于弱势，这基本上就是一次挑衅。无论你接受还是不接受，这都是一个烫手的山芋，你搭理它是对它一次绝对的广告机会，你不搭理它显得作为前辈太高傲。总之，赢了胜之不武，因为你本来就是行业的老大，跟小弟瞎吆喝，甚至还会降低你的威严。如果输了，那就惨了，对手会立马踩着你的尸体一路绿灯驶进消费者的视野，当然，这也意味着你的老大地位不保了。

第二：对手处于强势，这基本上就是预谋事件。强势的对手对你发起攻击只有两个目的：要么弄死你要么收购你。哪一个企业闲的没事找你决斗着玩，谁天生骨子里是好战分子的血。强势的对手一旦发起攻击，你依然有两条路：接受或者拒绝。一旦接受了将意味着一次“鱼死网不一定破”的战斗，要是拒绝呢，那么强势的竞争对手就会立马采取第二套战略：山寨。没错，不会过多久你的产品就会变脸上线。腾讯就喜欢这么玩，现在新浪也玩这一招玩得很有特色。

当你不得不接受这种挑战的时候，你只能应对的时候，接下来就是一场“三国杀”突围战了，这个时候你不一定只利用你自己的底牌，你也应该适时地猜测一下联盟的底牌，选择联盟对战的模式赢的概率相对会大一些。

第一步：血战到底。直到对方没有杀为止，在这一点上要求厮杀的成本相对较高一些，没有强势的资本注入就不要玩这一出了，但是我们可以适时地扮演一下弱者，这个社会里消费者有时候还是同情弱者的，你看，那些竞技的、选秀的比赛，没有一点悲惨的故事你都不好意思参加并博得支持和选票，玩悲情嘛！谁的心不是肉长的啊！

第二步：打出一张“无懈可击”，冤家宜解不宜结嘛！不妨坐下来圆桌旁谈一谈，了解强势对手的核心目的，根据目的去打一招太极也不错。或者这个时候适时地向强势联盟者抛一根橄榄枝，博得一张“无懈可击”。

第三步：根据自己的角色来定吧！当自己处于弱者的时候，不妨冷静一下，卧薪尝胆没什么坏处。发脾气是本能，但是能够压住脾气就是本事了，要知道三十年河东三十年河西。一开始选择掉血的目的实际上就是松懈对手的警惕心，当你逐步壮大的时候，可以一夜席卷乌江，让项羽无颜见江东父老。

市场，玩的就是这样一出三国戏，懂自己的身份认清对手的身份，搞清楚你最终的目的，无论路程经历的是什么，结果最终实现了就不妨称之是一个绝妙的逆袭。

营销商战里面，如果对手打出一张“决斗”，你该怎么面对？迅速反击还是默默忍受？这取决于对手的身份！当不得不接受挑战的时候，不一定只利用你自己的底牌，适时地猜测一下联盟的底牌，选择联盟对战的模式，赢的概率相对会大许多。

以往的交手经历

永远不打没有把握的战争

每一场战争最后都是要付出代价的，只有代价小的战争才是真正的胜利。历史上以小博大的战争很多，我们现实的商战中追求的也是如此，三万雄狮狂杀 2000 小卒的胜利不叫做胜利，那叫做以多欺少，是凭借大成本的付出换回来的，真正的战争是以一博十，这才是性价比十足的商战。

回头想想每一次与竞争对手的交手经历，输赢不在乎，在乎的是最终双方成本的比拼。成本这个东西不算永远不知道，一算可能会让自己吓一跳，进而清醒，这是下一次遇到其他对手的时候你应该知道的价码，有时候恋战比如弃战，而放弃很可能是另一种胜利。

前女友小 D 于我就是一个经典的案例，从相识到最后分手，我们只过了两季，从冬天到第二年夏天，分手的时候连一个像样的理由都没有，输了就是输了，我甚至从来没有见过那个所谓的情敌。这样的交手是最可怕的，对手一直在暗处，你甚至不知道他有没有出手，我们没有任何交手的经历。

毕业那年说好的小约定，如今跨了近五年之远。过得怎么样，好不好？已经不知道了，不敢知道，也没有渠道知道。人人网的账号被封了，QQ 的头像一直是灰色的，手机停机了，不知道你是否玩微博的。如今联系的渠道越来越多，反而再也找不到你们了。时间过去的不是很远，但是我们确实不再联系了，这些年发生了很多的故事，有你的没你的，总之像是一个蹩脚的三流都市剧。至少在自己的世界里。这么多年过去了，只陪你玩过几天的网游，后来再也没有天赋了。据说丁磊的猪开始内测试吃了，据说你又开了一家小店，卖着好看的鞋子。据说王大头的媳妇生了一个 8 斤重的大宝宝，据说晓蕊的婚礼你去参加了。这么多年终于都长大了，或者每一个据说，我都当做是你最新的消息。

我开始听棉花糖的歌曲了，有一首叫做《2375》：时间过了两千三百七十五天，长长的路还有一千三百多公里远，那还需要多少加仑清澈的水才可以平衡过程中的眼泪？我用键盘打着的每一个词都是踩着《2375》的节奏，这样的感觉轻松舒畅。

遇见你是最不意外的那一种，听你淡淡地唱阿桑的《一直很安静》。那是艺考时候，你未褪去青涩的样子，这样子，在那个下午打动了我。我觉得故事应该是这个样子的，否则电视剧都是怎么编写的？那个时候我不曾懂得，年少时候的爱情是否应该是这个样子。后来的后来，我们在朋友七凑八拼的段子里、起哄里，终于在一起了。我觉得那天的阳光很好，天空是我一生中见过的最清澈的，我们躺在青青的草坪上，一抬头，星光闪烁，月亮躲在云朵后偷笑。

我网络营销课程、市场营销课程多数是陪你逃的，然后去海边发呆。那个时候，我觉得自行车后座是我的整个天下，我们哼着喜欢的歌，然后在海风里奔跑。那个时候，你爱听光良的《童话》，周笔畅的《笔记》，我常常假借广播站的职务放给你听，然后整个校园就开始回荡你喜欢的旋律，那个时候我喜欢用你喜欢的歌做背景音乐，然后读一些你喜欢的文字。席慕蓉的、安妮的，甚至余秋雨的、张爱玲的。现在我居然堂而皇之地进入了广告行业，做起了当年我逃过最多课程的专业。你说人生是不是就是需要这样的讽刺！

你生日的时候，我记得我会去商业街买大大的蛋糕，然后陪你在操场吃整整一个下午，那个时候有漂亮帅气的男孩子在操场上踢球。你毕业的那一年，我还是在这个操场上，陪大兵赌球输掉了三支烟，那个时候我知道，你已经开始工作了，有了新的环境，那个时候我们只是朋友，对，只是朋友，很好很好的朋友。这样的结果，不知道是不是我们想要的，但是至少你的选择，我没有不开心过。我觉得我们都有重新爱上别人的机会，只是你比我早一步而已。在操场上赌完最后一场球后，我再也没有回去过，然后我去了一家电台工作。只实习了三个月左右，年关，我彻底离开了我们认识的城市，从此再也没有回去过。

其实我心里是憋着一个秘密的，我们身边的朋友，可能除了你，大家都知道。毕业的那个时候，我准备了一场盛大的求婚。我准备了好多好多的烟花，我想在我们喜欢的沙滩许给你一个永远的承诺，那一晚，我们在沙滩上放着烟花，然后烟花噼里啪啦地升空，再然后下坠，没有了火花。只是这一晚，你不在。再见你的时候，你给了我一封长长的信，那一天，我觉得你心事重重，我在学校超市最顶层的空旷区，听你说对不起。我没有接你递给我的信，至少现在我依然不知道你的信里写些什么。过了这么多年，我想我已经释怀了，不想知道也不愿知道那封信到底写了什么。就像十年后，我在车站遇见小 C 的时候，我用假装忘记去原谅她，相见不如不相认。

我不想看到你试图找理由的样子，你撒谎的样子让我难受。所以我觉得这样的结果是最好的，我们假装一切都没有发生。毕业晚会的那一天，我站在舞台上唱了一首长长的歌，唱到最后我觉得我哭了。穿过长长的观众台，我觉得你坐在最后一排，只是你的旁边坐了另外一个男生。那首歌最后是唱给我悲壮的青春的，我疯狂地奔跑然后华丽地跌倒，没有人扶起我，我自己爬起来，又接着跑了。最后一次遇见是在教室楼梯的拐角处，我看见你牵着一个男孩子的手，我想你是看不见拐角处的我的。那一刻开始，我才觉得我离你越来越远了。

在那以后，我彻底没有了你的消息。再后来，我看到你发到我邮箱里撒娇的信息，我都当做那是别人的故事。没有任何的征兆，我们的故事就结束了。我觉得那些年，暧昧才是给我爱情最好的交代。这些年，我终于开始了属于我自己的生活，喜欢自己喜欢的女孩。那些繁华的过去都被当成一种记忆，如今我还是习惯用文字记录下来，怕有一天我开始健忘。至少现在我已经开始有了健忘的症状。

如果没有照片，我会开始忘记大学里认识的那些朋友，你看，时间多歹毒，刀刀催人老。

也许再也不会有你的消息了，就当一切安好。我在今天告诉你这些你不知道的事，尽管我知道，也许你永远都看不到。此致，微笑。静安，静好。

所有以爱情的名义发起的战争，我从来没有胜过一场，每一场我都输得莫名其妙，直到后来我才知道，每一场战役都是需要总结的，在爱情的战役里，你付出的越多就越没有回头的机会，可能赢的机会就越少，当故事抽离的时候，你只能看着她轻装上阵爱上别人，你只能看着。爱情是一次很可怕的交手过程，爱情战役是最可怕的商战，当你倾尽全力的时候，你已经没有体力可以消耗的时候，情敌就会从拐角处闪出杀得你片甲不留，留 20% 的成本并不是耍小心眼，这可能就是你绝地反击情敌的最后机会。

回首过往的交手经历，往往输赢不在乎，在乎的是最终双方成本的比拼。成本这个东西不算不知道，一算可能吓一跳。下一次遇到对手的时候你该知道对方的价码，有时候恋战好比弃战，而放弃则很可能是另一种胜利。

番外篇 一条狗的心智资源

现在重新用力地想，想破脑袋。2005 年，如果再抛一枚硬币，我可能会试着考一个艺校，哪怕是三流的。但是没做。2006 年，在校园的石子路上牵着手，听徐若瑄的《爱笑的眼睛》。可惜没爱。2007 年，遇到的大多数喜欢的女孩到最后终于都变成了替身，甚至现在已经忘掉了她们的名字。原来如此。

这可能是很多年后我不愿面对的青春，都是一场青黄不接的游戏。在这一场游戏里，我掉血掉状态掉装备，到最后剩下什么连自己都不清楚了。但是你的离开，却是一场无法挽回的悲剧，这是你赌气的代价还是我的赌博？无论如何，此生，我们再也不见。这可能是最悲凉的结果，我不想要的结果，但是青春已然无法重新来过了。

从内蒙古到青岛，不知道多远的路程，但是火车会走 25 个小时。

那个时候，你甚至才微微睁开眼，你喝得最多的是奶粉，连叫的声音都是脆弱而颤抖的。我第一次遇见你，是在小挎包里。再后来，你终于有了名字，叫做“嫚儿”。谁让你是一条小女狗呢？你喜欢躺在我左手臂的臂弯里，学着我一样地打着呼噜睡觉。你从来没把自己当做一条狗，亦如我从来不认为你是一条狗一样，然后你就开始拒绝跟任何的狗交朋友。

再后来，在我们一起玩耍的时候你咬了我右手的食指。网上说，狂犬病发病率潜伏期有一二十年，一旦发作则100%死亡。于是第一次我有了要拼命旅行的念头，去看看我想去的城市，见见我想见的朋友。那一段时光，我突然觉得这个世界很美好，而我也许将会离开这个世界。我没有打你骂你，而是握着自己流血的手去了医院，因为我知道你是无意的。

我要去内蒙古，怕没有人照顾你，只好带你回老家，然后我再计划我的旅程。可没想到，这一次竟是决绝。我妈说你蹲在门口等了我一个星期，不吃不喝，你是在赌气吗？后来你终于开始变得消瘦，然后生病了。你拒绝让医生给你看病，还是在赌气吗？气我丢下你，再也没有回来？你离开我之后的一个多星期我才知道这个消息，我震惊了，然后哭了。给你买的小玩具、被你咬烂的玩具还在屋角丢着呢。

这一生，我们用两年的时间相爱，却用了一个星期分手。到最后，我负你一生，却让你用生命赌一个没有结果的局。我答应过你过年一定会回去看你的，对不起，让你久等了。所以知道你离开的时候，我哭了，是哭，不是流泪，是那种带着呜咽声的哭。

回老家的那天早上，你慌张地躲在小巷子里，也许你已经预料到了一个悲催的结局。你慌张地吃着牛肉干，甚至连咀嚼一下都不曾有。其实，我心里是害怕的，怕你不适应一座陌生城市的生活节奏，就像你离家，我们第一次遇见一样。只是，那个时候我会一直陪着你，而如今，陪着你的只有记忆。

如果人生可以重新来一回，这一次我一定抓紧你的手，再也不放开，就像你当年信任我躺在我的臂弯里一样。我依然不会埋怨你当年留在我食指上的伤口，我也不会选择离开去旅行，因为我想照顾你一辈子，用心。在打完第五针疫苗的时候，我的心里宽慰了许多，我想我们命中注定就是要彼此伤害和相爱的。

在那一段时间里，我不会吸烟不会喝酒不去聚会，因为我知道在我下班打开门的那一刻，你总会冲过来抱着我的腿，然后给我讲你一整天的无聊。我想大多数时候，我是听得懂你汪汪的意思，就像你听得懂我说："来，嫚儿，张嘴，吃肉肉。"

人生是回不去的一场旅行，青春、爱情、责任、友情，都在立秋到来时被无耻地催熟了。可以假装坚强，可以假装忘记，但是青春是肯定无法重新走一回的，因为你遇见的那个人不在那个时间段等你，即使有时光机，能陪你回去的也未必是当年青春时你遇见的。最好的故事给了青春，最好的爱情又给了谁？

这就是我的青春，爱情以及营销，你的呢？

7% 通关率的爱情填字游戏【仅限于恋爱中的情侣】

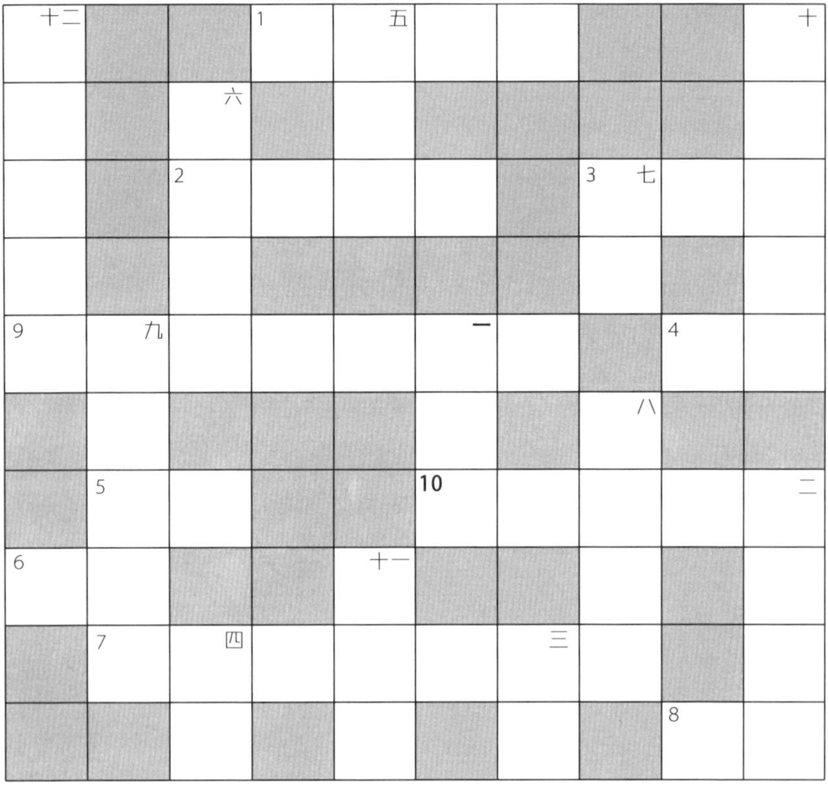

横：1.《红楼梦》里十二个女子的统称。
2. 一部电影，与《富春山居图》《小时代》并称为“富二代”三部曲。
3.中国古老而寓意深长的花结，取“永结同心”之意。
4.以提供酒精类饮料为主的消费场所，是年轻人的夜生活所爱。
5. 韩寒推出的App。
6. 一款有趣的桌面益智游戏，有多重身份，比如女巫、预言家、平民等。
7. 郭峰的一首歌，收录在其1994年6月专辑《清醒》中。
8. 夏天的一种动物，会连续不断地发出一种尖锐的声音。
9. 疑问句，通常得到“YES”的答复后，说这句话的人会欣喜若狂。
10.一首歌曲，萧煌奇原唱，林宥嘉翻过。

竖：一. 三个字，首尾字笔画都是7，中间字笔画是10,用来表达一种情感。
二. 一种糖果，可以缓解眼睛疲劳，同时伴有薄荷的味道。
三.《中华人民共和国国歌》第一句。
四. 一种职业，主要负责公司相关的财务工作。
五.《西游记》中一个天神，他养的宠物是一只爱吃月亮的哈士奇。
六. 泛指词句不能确切地表达出意思和感情，同时也是林忆莲的一首歌。
七. 孙燕姿的一首歌，收录在2004年的专辑《stefanie》中。
八. 张震岳的一首情歌，翻唱的明星很多，KTV中点唱率很高。
九. 一句诗词，下一句是“白首不相离”。
十. 韩国MBC出品的一部电视剧，也是金志文演唱过的一首歌。
十一. 一句表白，习惯说“I love you”。
十二. 某品牌纯净水广告曾经的主题曲，王力宏演唱。

图书在版编目（CIP）数据

用你的故事感动你/柒先生 著. —北京：东方出版社，2014. 2
ISBN 978-7-5060-7242-7

Ⅰ. ①用… Ⅱ. ①柒… Ⅲ. ①品牌营销 Ⅳ. ①F713. 50

中国版本图书馆 CIP 数据核字（2014）第 028440 号

用你的故事感动你
（YONG NIDE GUSHI GANDONG NI）

作　　者：柒先生
责任编辑：崔雁行　乔　俏
出　　版：东方出版社
发　　行：人民东方出版传媒有限公司
地　　址：北京市东城区朝阳门内大街 166 号
邮政编码：100706
印　　刷：三河市金泰源印务有限公司
版　　次：2014 年 5 月第 1 版
印　　次：2014 年 5 月第 1 次印刷
印　　数：1—6 000 册
开　　本：880 毫米×1230 毫米　1/32
印　　张：7
字　　数：110 千字
书　　号：ISBN 978-7-5060-7242-7
定　　价：29. 00 元
发行电话：（010）65210056　65210060　65210062　65210063